高等职业教育铁道机车专业新形态教材

电力机车乘务作业

主　编　吴风丽　姚皓杰
副主编　吴　波　曾　光　乔洪顺
主　审　王全广

北京理工大学出版社
BEIJING INSTITUTE OF TECHNOLOGY PRESS

内 容 提 要

本书是在连续多年项目化教学改革的基础上,结合铁路机车乘务员的工作实际进行编写的。书中的每个项目均来源于铁路机务部门实际工作过程,按照机车一次乘务作业标准进行编写,每个项目由情境导入、学习目标、学习任务、知识/技能储备及企业案例五大模块组成,理论知识和实际操作相结合。本书共分为6个学习项目,主要内容包括出勤工作、库内整备、调车作业、发车准备与发车、列车运行作业、终到及退勤作业等。

本书可作为高等院校相关专业的教学用书,也可供铁道机车运用与维护从业人员使用。

版权专有 侵权必究

图书在版编目(CIP)数据

电力机车乘务作业 / 吴风丽,姚皓杰主编.--北京:北京理工大学出版社,2021.8(2021.9重印)

ISBN 978-7-5763-0248-6

Ⅰ.①电… Ⅱ.①吴… ②姚… Ⅲ.①电力机车-乘务人员-工作-高等学校-教材 Ⅳ.①U264

中国版本图书馆CIP数据核字(2021)第176748号

出版发行 / 北京理工大学出版社有限责任公司

社　　址 / 北京市海淀区中关村南大街5号

邮　　编 / 100081

电　　话 /（010）68914775（总编室）

　　　　　（010）82562903（教材售后服务热线）

　　　　　（010）68944723（其他图书服务热线）

网　　址 / http://www.bitpress.com.cn

经　　销 / 全国各地新华书店

印　　刷 / 河北鑫彩博图印刷有限公司

开　　本 / 787毫米×1092毫米　1/16

印　　张 / 12　　　　　　　　　　　　　　　　责任编辑 / 阎少华

字　　数 / 207千字　　　　　　　　　　　　　　文案编辑 / 阎少华

版　　次 / 2021年8月第1版　2021年9月第2次印刷　责任校对 / 周瑞红

定　　价 / 39.00元　　　　　　　　　　　　　　责任印制 / 边心超

图书出现印装质量问题,请拨打售后服务热线,本社负责调换

前言

  本书在连续多年项目化教学改革的基础上，结合铁路机车乘务员的工作实际，将铁路技术管理规程（普速铁路部分）和列车运行监控记录装置相关知识点融入机车乘务员一次作业过程，体现了机车乘务员工作中的系统性、综合性，利用本书也可以进行模块化、协作化教学改革的实施。另外，本书每个项目都编写了企业真实案例、视频和动画二维码，方便学生学习和深入理解，留出了学生做笔记的空间，方便学生记录。

  本书主要以中国铁路济南局集团有限公司济南西机务段相关标准和文件为基础编写，共分为 6 个学习项目，分别为出勤工作、库内整备、调车作业、发车准备与发车、列车运行作业、终到及退勤作业。每个项目均来源于铁路机务部门实际工作过程，按照机车一次乘务作业标准进行编写，每个项目由情境导入、学习目标、学习任务、知识/技能储备及企业案例五大模块组成，理论知识和实际操作相结合，学中做，做中学。

  本书通过校企合作的方式编写而成，适用于铁道机车运用与维护从业人员，由山东职业学院吴风丽、姚皓杰担任主编，中国铁路济南局集团有限公司吴波、曾光、乔洪顺担任副主编，中国铁路太原局集团有限公司徐文国、吉林铁道职业技术学院单小磊参与编写工作,中国铁路济南局集团有限公司王全广担任主审。具体编写分工如下:吴风丽编写项目1和项目2,姚皓杰编写项目3和项目4,曾光和吴波共同编写项目5和附录3~5,乔洪顺编写项目6,单小磊编写附录1,徐文国编写附录2。

  由于编者水平所限,书中难免有疏漏和不足之处,殷切希望读者批评指正。

编 者

目录

项目 1　出勤工作 1

项目 2　库内整备 10

项目 3　调车作业 30

项目 4　发车准备与发车 43

项目 5　列车运行作业 58

项目 6　终到及退勤作业 115

附　录 121
　附录 1　机车乘务人员确认呼唤（应答）用语和手比方式标准 121
　附录 2　晋升机车司机资格理论常考规章试题 138
　附录 3　《铁路交通事故调查处理规则》部分 148
　附录 4　相关术语及名词解释 157
　附录 5　车机联控作业标准 168

参考文献 186

项目1　出勤工作

【情境导入】

司机小张在运安系统得知：明早4点的交路计划，需要今天22点前入待乘室，卧床休息不少于4小时。司机小王在运安系统得知：今天12点的交路计划，须正点到派班室出勤。

【学习目标】

1. 能按规定流程出勤。
2. 能正确抄阅、核对运行揭示。
3. 能在模拟运行测试设备（LKJ临时数据文件核对装置）模拟验卡。
4. 遵章守纪，服从命令，听从指挥，顾全大局意识。
5. 树立正点出勤责任意识，严把出勤关。

【学习任务】

1. 了解出勤时间。
2. 掌握出勤携带材料。
3. 熟悉出勤流程及有关出勤环节安全风险提示。
4. 熟悉有关运行揭示调度命令的内容。

【任务分析】

1．待乘及出勤流程的有关规定。

2．出勤携带资料。

3．运行揭示调度命令解读。

4．运行揭示调度命令四核对、四反馈。

5．出勤环节安全风险提示。

6．阅读的过程，专注关键要素，用简单的文字、图表等总结出来，不要泛泛地抄书。

【任务准备】

完成下面资料的学习。

资料1：

（1）出乘前必须充分休息或按规定待乘休息［担当夜间（22：00－6：00），乘务工作的机车乘务员、夜班调小机车乘务员必须实行班前待乘休息，待乘机车乘务员卧床休息不少于4小时，进公寓按压指纹、测酒。乘务员入待乘室后，需及时卧床休息，不得随意串房、离开，严禁开启手机和个人其他电子产品］；严禁饮酒，按规定着装，正点出勤。

（2）距开车点不少于90分钟（军、客运列车不少于100分钟）共同到达派班室出勤。根据季节穿戴统一发放的铁路制服或作业（防护）服，领取U盘，开启录音笔，机班全员到出勤调度员处报到，出示三证和有关规章、资料，交付IC卡，由司机（一位司机）代表全机班汇报"××机务段司机××、学习司机［二位司机（副司机）］××，准备值乘××次出勤"。

读书笔记

（3）全员进行指纹影像识别、酒精含量测试，酒精检测不合者严禁出乘。

（4）认真阅读核对运行揭示及有关注意事项，结合担当列车种类、天气等情况，做好趟车安全预想，并记录于司机手册。

（5）办理运行揭示和列车运行监控装置专用IC卡（以下简称"IC卡"）交付时，必须实行出勤机班与出勤调度员双审核、双确认的检验签认把关制度。

（6）将司机手册交机车调度员审核并签认，认真听取出勤指导。

资料2：

出勤时，机车乘务员应携带工作证、驾驶证、岗位培训合格证（鉴定期间由机务段出具书面证明）和有关规章制度[《铁路技术管理规程》（以下简称《技规》）、《铁路行车组织规则》（以下简称《行规》）、《机车运用主要工种作业标准》、《LKJ乘务员操作使用手册》、《机务非正常情况下行车应急处理预案》、《机车故障途中应急处理办法》及检车锤等用具。汛期须携带担当区段"汛期防洪重点一览表"]，到机车调度员处报到，按规定领取司机报单、司机手册、列车时刻表、运行揭示等行车资料和备品。

资料3：

（1）全员认真核对确认运行揭示并签章，有关运行揭示内容必须清楚和理解。持交付的运行揭示与揭示栏公布的运行揭示进行核对，确认无误后，司机在交付的运行揭示上签字，在司机手册车站站名处针对交付的运行揭示予以重点标注，并在其后对应"备注"栏内标注限速值；在交付的运行揭示上，对有用揭示的序号划"○"予以标注。

（2）在模拟验卡环节，在模拟运行测试设备上出现黄色运行揭示，说明IC卡内多运行揭示；若出现红色运行揭示，说明IC卡内少运行揭示。遇改变信、联、闭条件或变更列车径路的施工时，详细阅读施工明示图、安全措施，

《操规》出勤作业规定

入寓待乘

出勤作业

认真学习派班室临时公布的有关命令、规章、事故通报等。图1.1所示为模拟验卡。

图1.1 模拟验卡

资料4：四核对、四反馈。

（1）一核对：交付的揭示与公布揭示核对，如图1.2所示。

1）出勤前，根据使用机型对照派班室公布的机车数据版本号提示卡在司机手册中标注监控装置版本号SH-SW******* 或 JN-ZS*******。乘务员出勤接到交付揭示后，机班依次有声核对交付揭示的有效时段、区段、页数、条数，并在司机手册中标注页数、条数。

2）机班持交付揭示共同与公布的揭示核对（折返交路应对上下行区段有用的运行揭示全部进行核对，非折返交路区段只对运行区段的运行揭示进行核对）。以济西出勤为例（下行非折返交路）：

①先对上行揭示核对，只核对命令号。

核对用语：

一位司机：调度命令××号；

二位司机（副司机）：调度命令××号；有。

依次类推，保证交付揭示和公布揭示一致。

②再对下行揭示进行核对，一位司机手持交付揭示逐

条核对命令号和主要内容，二位司机（副司机）负责公示栏逐条核对命令号和主要内容。

核对用语：

二位司机（副司机）：调度命令××号，2020年×月×日×时×分至×月×日×时×分，××站至××站，××公里××米至××公里××米，限速××km/h；

一位司机：调度命令××号，有，2020年×月×日×时×分至×月×日×时×分，××站至××站，××公里××米至××公里××米，限速××km/h，并使用红笔在命令号上画圈，钩划公里标和限速值。

在二位司机（副司机）呼唤确认2020年×月×日×时×分至×月×日×时×分，××站至××站，如属于无用揭示时，一位司机直接呼唤无用，再进行下一条核对。

③核对完毕后，一位司机在司机手册上写明有用揭示×条，并在站名处标注"联""命令号"和限速值，二位司机（副司机）在手账签名，机班分别在交付揭示上签名（"联"字的标注规定为临时限速关联站的前一站，用于提示司机进行临时慢行车机联控）。

（2）二核对：交付揭示与IC卡内揭示核对，如图1.3所示。

图1.2 交付的揭示与公布揭示核对　　图1.3 交付揭示与IC卡内揭示核对

机班持交付揭示到派班室模拟运行测试设备验卡，核对IC内的数据信息，核对总条数、有用揭示逐条核对。

核对用语：

一位司机：济西至徐州，客货，确定；

一位司机：机班工号，车次，显示绿底比对一致（红底缺少，黄底多出）；此时检查与交付揭示右上角标注车次一致。

二位司机（副司机）：机班工号，车次，显示绿底比对一致（红底缺少，黄底多出）；二维码显示图片。

一位司机：卡内条数×条，有用揭示命令号××，有，有用揭示命令号××，有；依次类推。

二位司机（副司机）：卡内条数×条，有用揭示命令号××，有，有用揭示命令号××，有；依次类推。

机班再进行第二张IC卡的核对，核对完毕后在交付揭示右上角标明写卡条数。

（3）三核对：机班与出勤调度员有声核对，如图1.4所示。

1）机班分别在《机务派班室LKJ临时数据录入登记簿》上写明日期、车次、出勤时间、总条数、限速条数、防洪条数、特殊条数，并签名。

2）将司机手册、交付揭示、《机务派班室LKJ临时数据录入登记簿》交与出勤调度员，并向出勤调度员汇报卡内条数和有用揭示条数，听到出勤调度员回复后完成出勤作业。

（4）四核对：交付揭示与载入机车的揭示核对，如图1.5所示。

图1.4　机班与出勤调度员有声核对

图1.5　交付揭示与载入机车的揭示核对

上车后，开启监控装置（LKJ）首先确认机车数据版本号，确认时要与标注在司机手册中的版本号一致并打"√"销号。插卡设定参数，插卡后确认监控装置"IC"卡灯亮，进行参数输入，输入后确认揭示发送对话框后，核对载入揭示，揭示核对时要手持交付的揭示与载入机车监控装置的揭示逐条有声核对有用揭示，并核对总条数、有用揭示命令号。

资料5:

（1）派班室测酒仪全路联网，因此出勤测酒前必须进行试吹，严禁吃或喝有刺激性的食物、饮料。

（2）在试吹过程中发生报警（非饮酒问题），可利用漱口、刷牙等方式处理，再次试吹无误后按压指纹进行测酒。

（3）确认好交付运行揭示后，及时在司机手册"揭示已交付"章填写×页×条。

（4）出勤后至退勤前期间禁止非工作原因使用手机。

【任务实施】

序号	实施步骤及质量标准	成果展示	完成时间
1	阅读资料1，熟悉《铁路机车操作规程》关于出勤的有关规定	口述，笔记	随堂
2	阅读资料2，总结出勤携带的资料	口述，笔记	随堂
3	阅读资料3，熟悉运行揭示调度命令包含内容	口述，笔记	随堂
4	阅读资料4，熟悉四核对、四反馈内容	口述，笔记	随堂
5	阅读资料5，熟悉出勤环节安全风险提示	口述，笔记	随堂
6	总结出勤流程	笔记图表展示	随堂
7	演示出勤流程	分组拍摄出勤作业视频	随堂

【任务评价】

序号	鉴定评分点	是/否	随堂记录 （根据个人学习情况做好重点记录，确保对症下药精益求精）
1	你是否了解出勤有关规定		
2	能否描述出勤携带资料及注意事项		
3	能否流畅演示出勤流程		

【知识/技能储备】

1．机车乘务员必备条件有哪些？
2．运行揭示的作用有哪些？
3．测酒注意事项有哪些？
4．运行揭示为什么要四核对？
5．携带有关规章等资料有什么用？

【企业案例】

1．事故概况

2011年11月21日，某机务段值乘济南西至徐州间90117次重点列车牵引任务。出勤时，该担当区段共有两张运行揭示，而该机班在持有一张运行揭示且没有认真执行运行揭示"四核对"制度及司机手册标注等要求的情况下，盲目开车，侥幸运行，运行将至乙站联控核对调度命令时才发现少带了一张运行揭示，后在乙、丙站停车交付调度命令（图1.6）。

读书笔记

图1.6 事故案例图

2．事故教训

（1）机车乘务员未认证执行"四核对"。机班在派班室出勤时，机车乘务员没有持运行揭示在揭示栏逐条进行核对，对出勤调度员交付的运行揭示与模拟机不确认、不核对，在遗漏第二张交付运行揭示的情况下便开出列车，是发生本次事故的直接原因。

（2）出勤时对司机手册及限速标注不执行。机车乘务员在派班室揭示栏公布的运行揭示进行核对时，严重简化作业要求，没有逐条对照公布的运行揭示进行核对。

（3）机车乘务员对核对运行揭示工作极端不负责任，思想上不重视，是发生事故的重要原因。

项目 2　库内整备

【情境导入】

司机小张在派班室出勤后，出勤调度员告诉司机小张机车号为 HXD38081，到达整备场接车，正点出库。

【学习目标】

1. 能严格执行"五不准、五必须"的规定。
2. 能按机车整备流程整备机车出库。
3. 能正确对机车进行防溜、防窜。
4. 能正确试验 CCBⅡ型制动机。
5. 能做到机车不带防护出库。
6. 树立遵章守纪的责任意识，提高自我保护能力。
7. 理解人身安全是第一生产力。
8. 认真检查试验机车，确保趟车安全。

【学习任务】

1. 掌握"五不准、五必须"的内容。

项目 2　库内整备

2. 掌握机车整备作业各项点。

3. 了解防溜、防窜的定义。

4. 掌握放置铁鞋防溜规定。

5. 掌握 CCB Ⅱ 型制动机"五步闸"检查方法。

6. 掌握库内整备安全风险项点。

读书笔记

【任务分析】

1. "五不准、五必须"的规定。

2. 机车整备作业各项点的要求。

3. 防溜、防窜定义。

4. 铁鞋放置规定。

5. CCB Ⅱ 型制动机"五步闸"检查方法。

6. 库内整备安全风险项点。

7. 学习过程中记录关键词字。

《操规》接车作业规定

【任务准备】

完成阅读下面资料。

资料 1：

五必须：必须遵章守纪、注意安全；过铁路必须一站、二看、三通过；上道作业必须先防护，巡道执行回头瞭望制；临线来车，必须本线下道；必须车动集中看，瞭望不间断。

五不准：不准在铁路上走路；不准在铁路上坐卧休息；不准从车底下钻越；不准从"天窗"穿越；不准以车代步。

资料 2：

机车库内机能试验作业流程：第一步，领取工具→第二步，接车建立文件→第三步，机车外部检查→第四步，

IC 卡操作

接车

库内整备作业

· 11 ·

机车内部检查作业→第五步，制动机试验→第六步，电气动作试验→第七步，非操纵端试验→第八步，准备出段。

第一步，领取工具。出勤后机班到地勤值班人员处，认真了解机车运用、检修情况，办理耗电交接、领取机车运行日志并查阅交班人员的记录；领取机车钥匙、列车无线调度通信设备（手持机）等工具备品。司机应对携带的列车无线调度通信设备（手持机）进行复检和呼唤试验，确保作用良好。

第二步，接车建立文件。整备场接车时确认邻线无移动机车，上车时要抓牢站稳，防止高空坠落。整备场接车后确认机车防溜状态，然后插入 U 盘，闭合蓄电池闸刀、照明等相应开关，开启各行车安全装备和通信装置（CIR 显示 LBJ 已连接），司机注意确认列车运行监控装置的数据版本、日期、时间应正确无误，司机将 IC 卡数据载入列车运行监控装置，持交付的运行揭示与载入列车运行监控装置的数据进行核对，确保运行揭示内容载入正确，参数输入核对正确后，按压 LKJ "调车"键调整 6 km/h 限速模式。一位司机进行机械间和司机室检查，进行绝缘检测，开启控制风缸塞门并确认风压。

HXD3C 型机车检查程序

机车检查顺序：机车后端部→右侧走行部→机车前端部→左侧走行部→车底部→前司机室→机械室→后司机室→电气试验、制动机试验。

第三步，机车外部检查。对机车外部（包括车底部）各部件外观可视部分进行检查：对受电弓、轮对、车钩、制动系统、牵引装置、牵引电动机、制动软管等部件进行检查，确保状态良好、存砂量符合标准、砂路畅通。以 HXD3 机车外部检查为例，检查具体要求见表 2.1。

《操规》接车作业－机车检查项目

表 2.1　HXD3 机车外部检查要求

顺序	检查部位	检查内容及要求	备注
1	前后端部及排障器左右侧、平均管、总风联管、列车管等	（1）前照灯、副前照灯、标志灯外观完好，重联插座、锁闭装置良好及内部密封良好，各插孔无灼痕。 （2）前窗玻璃完好，雨刮器完整与玻璃密贴。 （3）引导脚踏、扶手无开焊。 （4）排障器无变形，距轨面高度 100～120 mm。 （5）各折角塞门状态良好，无漏泄，挂管卡良好。 （6）各软管连接器安装良好、角度符合标准，胶圈无老化、丢失、反装。 （7）软管无老化、龟裂，水压试验不超期（3 个月）。 （8）总风管、列车管与机车中心线夹角应为 45°	走行部分检查

续表

顺序	检查部位	检查内容及要求	备注
2	前后车钩	（1）钩提杆无变形、支架安装螺栓无松动，焊箍无开焊，提钩时自动开放无抗劲，车钩全开位 220～250 mm。 （2）钩舌销无折损，开口销开度 45°～60°，钩舌销径向间隙 1～4 mm。 （3）钩舌与锁铁磨动部润滑良好。 （4）钩体钩舌无裂纹，防跳台角度不小于 90°。 （5）钩舌与钩耳间隙上下 8～10 mm。 （6）推动钩舌转动灵活，锁闭位 110～130 mm。 （7）吊杆无裂纹，磨动部油润良好。 （8）钩体与托铁磨动部油润良好。 （9）车钩中心线距轨面垂直高度 815～890 mm。防跳销作用良好	
3	各司机室门	（1）各侧窗安装牢固，玻璃密封良好。 （2）各司机室门、扶手、脚踏板安装牢固无开焊	
4	各撒砂装置	（1）砂箱外观良好，安装螺栓无松动。箱盖锁闭严密。 （2）沙量充足，砂质干燥，砂箱内部无异物。 （3）撒砂器、加热器安装牢固，撒砂管、干砂风管及撒砂风管接头无松动。 （4）砂管支架安装牢固，撒砂软管紧固卡子无松动，砂管无堵塞，马蹄胶管无破损，管口应与轨面平行，距轨面高度 35 mm	走行部分检查
5	各扫石器及自动过分相感应装置	（1）扫石器安装牢固，胶皮完好无变形。 （2）自动过分相感应装置安装牢固无松动，接线无破损脱落	
6	各单元制动装置及弹停制动装置	（1）单元制动器安装牢固，制动缸、弹停制动缸风管接头无松动，软管卡子紧固良好，夹钳各销、弹停装置手动缓解拉手良好。制动闸片与制动盘缓解间隙单侧 1～3 mm，闸瓦卡簧良好，闸片厚度 25 mm。 （2）各轮内、外侧制动盘表面光洁无裂纹、擦伤，散热孔清洁、无异物	
7	各动轮、轴箱及弹簧等	（1）轮辐无裂纹。 （2）踏面无擦伤、缺陷或剥离。 （3）轴箱前后弹簧座及弹簧无断裂，弹簧胶垫无老化龟裂。 （4）轴箱止档及座无裂纹。轴箱止档与座应有间隙。 （5）轴箱端盖安装螺栓齐全无松动，轴箱温度正常，不超过 80℃。 （6）接地装置及接线良好，紧固螺栓无松动，断股不超过 10%。	

续表

顺序	检查部位	检查内容及要求	备注
7	各动轮、轴箱及弹簧等	（7）一系垂向减震器安装牢固，上下支架无裂纹，上下芯轴安装螺栓无松动，橡胶关节无龟裂，花螺母开口销开度标准，缸体与外罩无接磨。 （8）轮缘润滑器安装牢固，作用良好，润滑棒磨耗不到限。 （9）轴箱拉杆无裂纹，橡胶关节无龟裂，芯轴螺栓无松动。	走行部分检查
8	制动指示器	制动指示器、弹停指示器安装良好、玻璃无破损，来风管接头无松漏，显示正确（制动状态红色，缓解状态绿色）	
9	各二系油压减震器、车体旁承、车体侧挡	（1）二系垂向及抗蛇形油压减震器无漏油，安装座无裂纹。 （2）芯轴螺栓螺母无松动，橡胶关节无龟裂。 （3）上罩与缸体不接磨。 （4）二系高圆弹簧无裂纹，橡胶座无老化龟裂。 （5）车体侧挡螺栓牢固，间隙正常。 （6）车体与转向架接地连接线良好，紧固螺栓无松动钉	
10	主变压器及附近装置	（1）变压器安装牢固，外观完整无漏油，吊装螺钉无松动，支架无裂纹。 （2）各油管、卡箍、法兰安装良好无泄漏，油箱体外观良好无渗油。 （3）变压器油泵支架安装螺栓紧固良好，接线盒及盖螺钉无松动丢失，蝶阀完好。油流继电器玻璃清晰、防护盖、安全链齐全。波纹管无破损、防护罩完好。 （4）加油、放油及油样活门无泄漏，手轮丝封完好。 （5）各复合冷却塔通风机及辅助交流器通风机出风口滤网完好，无异物。 （6）变压器侧面控制接线盒盖螺钉无松脱。 （7）变压器油位表防护罩无破损，安装螺钉无松动丢失。 （8）变压器原边入线套管无缺陷、烧损。 （9）主电路、控制电路入库插座盖、链完好，插座无烧痕	
11	前后排障器内侧及附近	（1）排障器、支撑杆安装螺栓齐全牢固。 （2）排障器及支撑杆无变形、裂纹。 （3）左右侧信号感应器接线、螺栓及各串销、开口销完好，安装牢固。 （4）平均管、制动管第二折角塞门安装良好并在开放位。	

续表

顺序	检查部位	检查内容及要求	备注
11	前后排障器内侧及附近	（5）扫石器安装牢固，螺栓无松动（车上已检查则免检）。 （6）夹板螺栓无松动，胶皮无破损（车上已检查则免检）。 （7）扫石器胶皮距轨面高度 25 mm（车上已检查则免检）。 （8）扫石器竖板横杆安全链齐全，上下穿销开口销齐全	车底部分检查
12	前后端车钩尾框及附近	（1）车钩扁销无窜动，止退销螺母无松动，开口销完整开度复合标准。 （2）缓冲器箱体丛板与钩尾框无裂纹，托板螺栓无松动。 （3）弹簧箱与托板磨动部油润良好。 （4）前、后丛板与座油润良好，丛板与座应密贴。 （5）钩尾框与导框磨动部油润良好	
13	各转向架端梁	各端梁及牵引梁各焊接部无开裂	
14	各牵引装置	（1）车体牵引座各部无开焊。 （2）牵引销与牵引座紧固螺栓无松动，橡胶关节无老化龟裂。 （3）牵引销托板螺栓无松动，防缓铁丝无断裂。 （4）牵引杆上下安全索座无开焊裂纹，钢丝绳紧固良好	
15	各牵引电机及齿轮箱	（1）齿轮箱无裂纹、漏油。加油口盖无松动、放油堵防缓铁丝无断裂。 （2）齿轮箱安装螺栓、合口螺栓无松动。 （3）牵引电机吊杆及吊杆座无裂纹，橡胶垫片无破损老化。吊杆和电机吊座的接触面紧密。 （4）牵引电机通风道橡胶套安装牢固无破损，合口卡子无松动。 （5）电机母线无老化、破损，夹板螺栓齐全、牢固。接线插头、插座严密，无松动。 （6）电机轴承软油堵、防尘帽齐全。 （7）电机端部通风网无异物。 （8）电机小齿轮拆装孔盖安装螺栓齐全、无松动。 （9）电机温度传感器安装牢固	

第四步，机车内部检查作业。

（1）各部油、水位符合标准；各开关位置正确；各安全防护门窗及脱扣开闭状态符合标准；各仪表、显示屏状态良好显示正确。

（2）检查 6A 装置 REC、USB 显示正常，检测正常；查阅机车行车日志、三项设备合格证（核对机车、机型和车号，首次签名）正常。手机定位放置。

机车内部检查作业以 HXD3 机车为例说明，具体检查部位及要求见表 2.2。

表 2.2　HXD3 机车内部检查要求

顺序	检查部位	检查内容及要求	备注
1	司机室门窗	（1）司机室门锁、手把齐全，作用良好。 （2）侧窗玻璃清洁，升降器作用灵活，锁闭器良好。 （3）前玻璃清洁，暖窗器接线无松脱。 （4）刮雨器作用良好，遮阳帘无破损，升降作用良好	
2	各操纵台上部	（1）操纵台各仪表玻璃清洁，校验日期不过期（风表期限为 3 个月，其他仪表 6 个月）。 （2）机车信号各信号灯表面清洁、转换开关作用良好。 （3）LCDM、LKJ、TCMS 屏以及多功能仪表模块安装牢固，显示正确，玻璃清晰。 （4）紧急按钮以及操纵台上各按钮安装牢固，作用良好。 （5）各扳键开关及转换开关作用良好，位置正确。 （6）司机控制器各手柄位置正确、安装牢固。 （7）电子制动阀安装牢固，自阀手柄在重联位，并插好重联插销	车上部分检查
3	各操纵台左、中、右柜	（1）食品加热器、冷藏柜清洁、完好。 （2）操纵台左中右柜各门开闭作用良好。 （3）柜门上各转换开关位置正确，转动灵活。柜门后部接线无松脱。 （4）柜内清洁无异物，各连接器插头无松脱、锁闭器锁闭良好。 （5）各脚踏阀脚踏作用良好无卡滞	
4	各司机室其他各项	（1）手动紧急放风伐位置正确，铅封完整。 （2）司机座椅安装牢固，功能扳手良好，作用灵活。 （3）司机室各照明灯安装良好，灯罩齐全牢固。 （4）220 V 插座完好，空调控制柜各转换开关位置正确，接线无松脱。 （5）取暖器安装牢固，接线无松脱；空调进出风口防护网完好无堵塞。 （6）机械间门开关作用良好，密封胶条及玻璃压条严密，手把齐全	
5	各牵引通风机	（1）各牵引通风机及风道外观良好，接线盒各安装螺栓齐全牢固，接地线紧固螺栓无松动。微正压出风口过滤网完好无堵塞。 （2）复合冷却塔及通风机外观完好，接线盒各安装螺栓齐全牢固，接地线紧固螺栓无松动。 （3）复合冷却塔各管路无泄漏，水循环塞门全开位，流量计清晰、接线良好；流量调整阀紧固螺栓无松动	

续表

顺序	检查部位	检查内容及要求	备注
6	各控制电源柜	（1）外观整洁、柜门各安装螺栓齐全完整，通风网栅无异物。 （2）单元选择开关应在"0"位，旋钮无丢失；窥视孔玻璃清洁无破损。 （3）蓄电池可见部分外观完好清洁无破损、烧损痕迹，电解液无外溢。接线牢固。 （4）蓄电池开关在断开位其他自动开关外观完好，在闭合位（第4项为HXD3C机车）	车上部分检查
7	各控制电器柜及附近	（1）控制电器柜各转换开关、空气自动开关良好，位置正确。 （2）电能表、控制电压表清晰无破损，控制电压不低于96 V。 （3）控制电器柜侧面及背面各接线插头安装牢固无松脱。 （4）各升弓气路板各塞门在开通位，标牌齐全；升降弓各调节阀漆封完整，压力表清晰；升弓电磁阀安装牢固，接线无松脱。 （5）各自动降弓装置控制盒（主断控制器）开关在运行位，接线插头无松脱，风管无破损、接头无松脱。 （6）自动过分相控制盒开关在开位，接线插头无松脱。 （7）辅助变压器外观完好、接线牢固，各部无烧损。 （8）低压原边电流互感器TA2安装牢固无烧损，次边接线及穿心接地线紧固螺栓无松动	
8	ATP柜	各电子箱安装牢固，开关位置正确，接线插头无松脱	
9	各TCMS柜（该柜如加锁，则仅进行外观检查）	（1）TCMS柜外观完好，柜门锁闭良好。 （2）TCMS主机安装牢固，各电气连接器插头锁闭器锁闭良好（禁止拔插及摇晃）。 （3）各继电器安装牢固，表面清洁，卡子无脱落。 （4）其余各插头无松脱	
10	各主变流柜及顶部各部件	（1）主变流器（左、右）外观良好。 （2）受电弓高压隔离开关状态良好，插头无松脱。 （3）主断路器防护网安装牢固无异物，控制插头无松脱。 （4）高压接地开关QS10应在正常运行位。 （5）车顶门锁闭良好，登顶扶梯安装牢固。 （6）高压原边电流互感器TA1安装牢固无烧损，次边接线无松脱。 （7）走廊各照明灯安装良好，灯罩齐全，各插头无松脱	
11	各空气压缩机	（1）空压机弹性支撑安装螺栓无松动。 （2）电机安装及接线良好，接线盒盖安装螺栓无松动。 （3）各管路无泄露，进气过滤器无堵塞，油位表清晰，油位正常，加油口严密，排油堵无泄露。 （4）散热器风扇良好。 （5）空压机安全阀安装及铝封良好。 （6）温度及压力保护开关接线插头牢固。 （7）真空指示器安装牢固指示清晰，不显示红色（红色时应更换空气滤清器滤芯，并复位）	

续表

顺序	检查部位	检查内容及要求	备注
12	各风源净化装置	（1）干燥器安装牢固，各控制电控阀风管接头螺母无松动，接线无松脱，控制盒熔断器无烧损，开关在开位。 （2）干燥器排污阀严密无泄漏，进出风管接头无松漏。 （3）各安全阀无漏风，铅封完整，标牌无丢失	车上部分检查
13	各空气管路系统及制动柜	（1）总风缸、辅助风缸、弹停风缸安装牢固，各风缸排水塞门在关闭位，总风塞门A24开通位，各塞门严密无泄漏。 （2）空气管路柜上各压力开关安装牢固，接线无松脱。 （3）升弓蓝钥匙插在钥匙阀上并位于开通位。 （4）各模块上压力测点无泄漏，防尘堵无脱落。 （5）弹停塞门、撒砂塞门在开通位，无火回送塞门在运行位。 （6）手动试验弹停脉动阀杆应动作灵活无卡滞。 （7）EPCU上各单元接线插头无松脱。 （8）制动缸塞门在开通位，标牌无丢失。 （9）辅助压缩机安装牢固，加油口盖无松动，油位标准。送风管分水滤器排水阀关闭严密无泄漏	
14	各防护用品	各防护用品齐全良好，安放位置正确。各灭火器、复轨器、止轮器安放位置正确、安装牢固。有检验要求和设置铅封的防护用品，其检验日期不超期，铅封无破损	
15	各行车安全装备	监控装置、机车信号、列车无线调度通信设备、列尾装置司机控制盒、平面灯显接口设备、防折关装置、警惕报警装置、机车走行部监测装置等行车安全装备安装牢固、作用良好、检测合格证符合规定	

（3）检查制动显示屏（LCDM）中各参数。LCDM屏当前设置查询：目视检查LCDM屏中制动机的当前设置，进入LCDM屏的"电空制动"界面（按F3键）；查看"电空制动设置"中"当前设置"的信息，500/600 kPa、操纵端、投入、货车、不补风；严禁将以上参数设为非操纵端、切除、客车、补风模式（图2.1）。

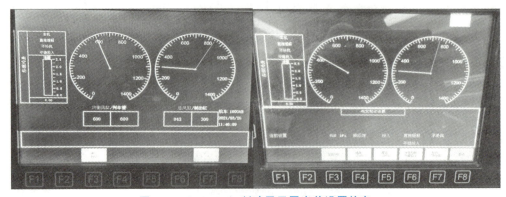

图2.1 （LCDM）制动显示屏当前设置信息

若不正确，需要进行修改，具体如下：

1）LCDM 屏设置定压为 600 kPa。将定压设置为 600 kPa：按 F3 功能键（电空制动）进入二级界面，按 F3 键（其他），进入三级界面，再按 F3 键（定压 500 kPa/600 kPa），选择定压 600 kPa，按 F1 键确认，再次按 F1 键执行（图 2.2）。

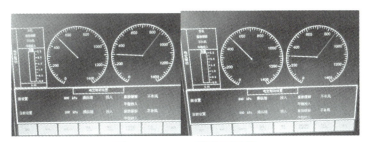

图 2.2　LCDM 屏定压设置

2）本机模式设置为补机模式。将本机模式设置为补机模式（非操纵端）：按 F3 功能键进入二级界面，按 F4 键（操作端/非操作端）设置为"非操纵端"，按 F1 键执行（图 2.3）。

3）本机模式设置为单机模式。将本机模式设置为单机模式：按 F3 功能键进入二级界面，按 F5 键（投入/切除）将列车管"切除"，按 F1 键执行（图 2.4）。

图 2.3　本机模式设置为补机模式　　　图 2.4　本机模式设置为单机模式

4）补机模式设置为本机模式。将补机模式（非操纵端）设置为本机模式：按 F3 功能键进入二级界面，按 F4 键（操作端/非操作端）将制动机设置为"操纵端"，再按 F5 键（投入/切除）将列车管"投入"，最后按 F1 键执行（图 2.5）。

5）单机模式设置为本机模式。将单机模式设置为本机模式：按 F3 功能键进入二级界面，按 F5 键（投入/切除）将列车管"投入"，最后按 F1 键执行（图 2.6）。

6）不补风模式设置为补风模式。将不补风模式设置为补风模式：按 F3 功能键进入二级界面，按 F7 键（不补风/补风）设置为"补风"，最后按 F1 键执行（图 2.7）。

7）补风模式设置为不补风模式。将补风模式设置为不补风模式：按 F3 功能键进入二级界面，按 F7 键（不补风/补风）设置为不补风，最后按 F1 键执行（图 2.8）。

图 2.5　补机模式设置为本机模式　　　　图 2.6　单机模式设置为本机模式

图 2.7　不补风模式设置为补风模式　　　　图 2.8　补风模式设置为不补风模式

8)LCDM屏机车号设置。修改机车号设置:按F7功能键进入"信息显示"界面,按F4键进入"机车号"界面,按F3/F4键选择要调整的内容,按F1/F2键进行修改;修改好后按"接受"键确认(图2.9)。

9)LCDM屏时间设置。将LCDM屏中的系统时间调整与LKJ、TCMS屏相一致:按F7功能键进入"信息显示"界面,按F4键进入"时间/日期"界面,按F3/F4键选择要调整的内容,按F1/F2键进行修改;修改好后按"接受"键确认(图2.10)。

图 2.9　LCDM 屏机车号设置　　　　图 2.10　LCDM 屏时间设置

注意:升弓前司机确认本机班及其他有关人员处于安全位置、机车下部无作业人员,高压室门、车顶门等各门窗已关闭,进行呼唤应答,确认好有无分段绝缘器、风缸压力和感应网压,二位司机(副司机)(副司机)监护(升降和降弓作业时,建议司机在机车窗户中确认升降弓状态)。

第五步,CCBⅡ型制动机试验("五步闸"试验)。"五步闸"检查试验程序见表2.3。

表 2.3　CCBⅡ型制动机"五步闸"检查试验程序

步骤	设置	自动制动手柄						单独制动手柄			检查内容
		运转	初制	制动	全制	抑制	重联	紧急	侧缓	运转	制动	全制	
1	本机/不补风												1. 总风压力为750~900 kPa,制动缸压力为0,均衡风缸压力为500 kPa,列车管压力为500 kPa; 2. 列车管压力在3 s内降为0,制动缸在3~5 s内升至200 kPa,并继续增压至450 kPa,均衡风缸压力为0,紧急制动倒计时60 s开始; 3. 制动缸压力下降为0,手柄复位后制动缸压力恢复; 4. 60 s倒计时结束后操作,列车管、均衡风缸、制动缸压力不变
2	本机/不补风												5. 均衡风缸增压至500 kPa,列车管增压至480 kPa不大于9 s,制动缸压力下降为0; 6. 等60 s使系统各风缸充满风; 7. 均衡风缸在5~7 s减压至360 kPa,列车管减压到均衡风缸压力±10 kPa,制动缸6~8 s增压到360 kPa; 8. 保压1 min,均衡风缸压力泄漏不大于7 kPa,列车管压力泄漏不大于10kPa,制动缸压力变化不大于25 kPa; 9. 各压力无变化; 10. 均衡风缸增压至500 kPa,列车管压力500 kPa,制动缸压力下降为0
3	本机/不补风												11. 充满风后,均衡风缸减压50 kPa,列车管减压到均衡风缸压力的±10 kPa,制动缸增压到70~110 kPa; 12. 制动缸压力下降为0,手柄复位后制动缸压力不恢复; 13. 均衡风缸以常用制动速率降为0,列车管减压至55~85 kPa后保持,制动缸增压至450 kPa; 14. 均衡风缸增压至500 kPa,列车管压力500 kPa,制动缸压力下降为0
4	本机/不补风												15. 阶段制动,制动缸压力阶段上升,全制动制动缸压力300 kPa; 16. 阶段缓解,制动缸压力阶段下降,运转位制动缸压力下降为0; 17. 制动缸在2~3 s上升到280 kPa,最终为300±15 kPa; 18. 制动缸压力在3~5 s降到35 kPa以下; 19. 均衡风缸减压100 kPa,列车管减压到均衡风缸压力的±10 kPa,制动缸增压到230~250 kPa
5	单机												20. 均衡风缸减压140 kPa,列车管压力保持不变,制动缸压力保持不变; 21. 制动缸压力下降为0,手柄复位后制动缸压力不恢复; 22. 均衡风缸增压至500 kPa,列车管压力保持不变,制动缸压力保持不变; 23. 制动缸压力在2~3 s上升到280 kPa,最终为300 kPa; 24. 制动缸压力在3~5 s降到35 kPa以下

注：试验完毕，机车恢复本机/不补风状态设置。

第六步，电气动作试验。以 HXD3 机车为例说明机车电气动作试验内容及要求，表 2.4 所示为 HXD3 机车低压试验，表 2.5 所示为 HXD3 机车高压试验。

表 2.4　HXD3 机车低压试验

顺序	试验内容	试验要求	备注
1	低压试验准备工作	（1）确认车顶门、控制电器柜柜门锁闭良好，高压接地开关在"运行"位（两把黄色钥匙插入）；蓝色钥匙插入制动控制柜锁孔，开通受电弓风路（蓝色钥匙呈垂直状态）。 （2）确认各风路塞门在正常工作位置［空气制动柜：总风塞门（A24）、踏面清扫塞门（B50.02）（0241 号机车后取消）、弹停塞门（B40.06）、撒砂塞门（F41.02）、制动缸塞门（Z10.22）在开放位；干燥器下：控制风缸塞门（U77）在开放位、总风缸排水塞门（A12）在关闭位；压缩机与Ⅰ端变流柜间侧墙：Ⅱ端受电弓塞门（U98）在开放位；压缩机与Ⅰ端变流柜间小地板下：弹停风缸排水塞门（A14）、控制风缸排水塞门（U88）均在关闭位；控制电器柜与Ⅱ端变流柜间侧墙：主断路器塞门（U94）、Ⅰ、Ⅱ端受电弓高压隔离开关塞门（U95）、Ⅰ端受电弓塞门（U98）均在开放位］。 （3）确认总风缸风压不低于 750 kPa；机车控制电路电压不低于 96 V。 （4）确认控制电器柜上的自动开关位置正确（除直流加热及自动过分相自动开关在"断开"位外，其余自动开关均在"闭合"位）。 （5）实施弹停制动。 （6）司机室各控制器在"0"位，打开机械室门	
2	机车照明试验	依次闭合仪表、司机室、走廊、车底、前（副）照灯、标志等照明灯开关，检查各照明灯照明良好、逻辑控制关系正确	
3	辅机系统试验	检查遮阳帘、风扇、雨刮器工作状态良好，功能与控制开关指示位置相符合	
4	机车电钥匙试验	（1）机车电钥匙置"合"位。观察制动显示屏启动正常，检查制动显示屏各数据、参数设置正确。 （2）将自动制动手柄置"抑制"位 1 s 后回"运转"位、单独制动手柄置"全制"位。观察制动显示屏"动力切除"消除，制动显示屏均衡风缸、列车管风压显示 600（500）kPa、机车制动缸风压显示 300 kPa	
5	微机显示屏试验	（1）状态指示屏"微机正常""主断分""零位""欠压""辅变流器""水泵""停车制动"灯亮。 （2）按下状态指示屏自检按钮，所有状态指示灯亮。 （3）确认微机显示屏显示正常，其网压、控制电路电压显示与仪表模块显示一致。 （4）主、辅变流器切除试验，利用微机显示屏触摸开关，分别将主变流器、辅变流器切除、恢复一次	

续表

顺序	试验内容	试验要求	备注
6	弹停装置试验	（1）弹停转换开关置"缓解"位。确认弹停制动缓解，状态指示屏"停车制动"红灯灭。 （2）弹停转换开关置"制动"位。确认弹停装置制动，缓慢缓解单阀，使机车制动缸压力降至 150～100 kPa 时，状态指示屏"停车制动"红灯亮，单阀再至全制动状态	
7	主变流器试验	将主变流器试验开关（SA75）置"试验"位，进行以下试验： （1）断路器试验。 1）将主断路器扳键开关（SB43 或 SB44）置"主断合"位，听主断路器闭合声；看状态指示屏"主断分"灯灭，微机显示屏显示主断"合"。 2）将主断路器扳键开关（SB43 或 SB44）置"主断分"位，听主断路器断开声；看状态指示屏"主断分"灯亮，微机显示屏显示"主断分"。 （2）牵引试验。 1）"前"位牵引试验。 ①换向手柄置"前"位，听充电、工作接触器动作声，看微机显示屏方向指示与手柄位置一致。 ②缓慢将调速手柄由"0"推向"牵引"区最大位，看状态指示屏"零位"灯灭、微机显示屏级位显示从 0.0 升至 13.0，各轴扭矩输出显示由 0 升至约 95 kN。 ③缓慢将调速手柄退至"0"位，看微机显示屏级位和牵引力显示逐步回"0"、状态指示屏"零位"灯亮。 ④换向手柄置"0"位，听工作接触器断开声。 2）"后"位牵引试验。试验内容同"前"位牵引试验。 （3）电制动试验。 1）换向手柄置于"前"位，将调速手柄拉向"制动区"并逐渐推至最大位，看状态指示屏"零位"灯灭、"电制动"灯亮；听制动系统短暂排风声（机车制动缸有风时）；看微机显示屏手柄级位由 11.9—1 级变化。 2）调速手柄退回"0"位，看状态指示屏"电制动"灯灭、"零位"灯亮。 3）缓解机车制动，大闸置"初制动"位，将调速手柄置"制动区"，看状态指示屏"零位"灯灭、"电制动"灯亮；观察机车制动缸缓解。 4）调速、换向手柄回"0"位。 （4）试验完毕，主变流器试验开关（SA75）恢复至"0"位	
8	撒砂试验	分别将换向手柄置"前""后"位，脚踩撒砂开关 SA83（SA84），确认撒砂装置作用良好	
9	警惕装置试验	在微机显示屏牵引/制动画面按执行"检修状态"命令，输入密码"000"再执行"确认""状态""信号信息"命令进入信号信息画面，执行"DI2"命令进入 DI2 画面第一页，手按"警惕"按钮或脚踩"警惕"开关，看 521 线底色变绿；松开后，底色恢复黑色	

表 2.5　HXD3 机车高压试验

顺序	试验内容	试验要求	备注
1	试验准备工作	（1）确认机车各闸刀、试验开关、故障转换开关、风路塞门、车顶门、各屏柜门均在正常位。 （2）确认总风风压不低于 700 kPa，机车制动缸风压不低于 300 kPa。 （3）检查控制电路电压不低于 96V。 （4）通过微机显示屏将主变流器 CI1～CI6 全部切除。 （5）将非操纵端大闸锁定在"重联"位，小闸置"全制"位，锁闭非操纵端司机室门窗。 （6）确认操纵端司机控制器手柄在"0"位、机车电钥匙在"0"位。 （7）确认机车停留在有电区且接地线已撤除、隔离开关已闭合，机车两端地面防护牌、信号旗（信号灯）已撤除，机车周围无闲杂人员且均处于安全区域，高压试验人员均在司机室	
2	机车电钥匙置"合"位试验	（1）确认制动显示屏启动正常，检查制动显示屏各数据、参数设置正确。 （2）将大闸置"抑制"位 1 s 后回"运转"位、小闸置"全制"位，确认制动显示屏"动力切除"消除，制动显示屏均衡风缸、列车管风压显示 600（500）kPa、机车制动缸风压显示 300 kPa	
3	升降弓试验	（1）后弓试验。 1）将受电弓扳键开关 SB41（SB42）置"后受电弓"位。 ①听升弓电磁阀得电充风声； ②观察受电弓上升正常，无冲网现象，升弓时间不得大于 5.4 s（从弓头动作时起）； ③确认网压表及微机显示屏网压显示正常、状态指示屏"欠压"灯灭。 2）将受电弓扳键开关 SB41（SB42）置"0"位。 ①观察受电弓下降正常，无砸车顶现象，降弓时间不得大于 4 s（从弓头动作时起）； ②确认网压表及微机显示屏显示网压低于 5 kV、状态指示屏"欠压"灯亮。 （2）前弓试验，试验内容同后弓试验。 （3）升起后弓	
4	主断路器试验	（1）将主断路器扳键开关（SB43 或 SB44）置"主断合"位，听主断路器闭合声及辅变流器 2（APU2）启动后，水泵、辅变流器风机、油泵投入工作声；看机车状态指示屏"主断分""辅变流器""水泵"灯灭。 （2）进入微机显示屏"风机状态"画面，确认变压器油泵 MA21、MA22 及水泵 MA27、MA28 投入工作。 （3）进入微机显示屏"辅助电源"画面，看辅变流器 2（APU2）输出频率为（50±1）Hz；观察控制电路电压表及微机显示屏，看控制电路电压显示 110 V。 （4）进入机械室确认冷却系统水流量计显示流量正常（黑色指针在 200 左右）	

续表

顺序	试验内容	试验要求	备注
5	压缩机试验	（1）总风风压低于 750 kPa（0001～0640 号机车）或 680 kPa（0641 号机车之后）时，将压缩机扳键开关（SB45 或 SB46）置"压缩机"位，听空气压缩机 1、2 间隔 3 s 依次启动；进入微机显示屏"空制状态"画面，看压缩机 CMP1、CMP2 正常投入工作；当总风风压升至 900 kPa 时，压缩机 1、2 同时停止工作。 （2）当总风缸风压高于 750 kPa 但又低于 825 kPa 时（0001～0640 号机车）或当总风缸风压高于 680 kPa 但又低于 750 kPa 时（0641 号机车之后），将压缩机扳键开关（SB45 或 SB46）置"压缩机"位，此时，仅操纵端压缩机投入工作，当总风风压达到 900 kPa 时自动停止工作。 （3）将压缩机扳键开关（SB45 或 SB46）置"强泵风"位不松手，看操纵端压缩机投入工作，总风风压升至 950 kPa 时听高压安全阀喷气声；松开压缩机扳键开关（SB45 或 SB46），操纵端压缩机停止工作	
6	换向手柄"前"位试验	（1）换向手柄置"前"位，听辅变流器 1（APU1）启动后，牵引及复合冷却风机启动。进入微机显示屏"风机状态"画面，确认牵引风机 MA11～MA16 启动正常。进入微机显示屏"辅助电源"画面，看辅变流器 1（APU1）输出频率升至 33Hz。 （2）换向手柄回"0"位，待 1 min 之后，听各牵引、复合冷却风机停止工作	
7	电制动试验	（1）换向手柄置"前"位、调速手柄离开"0"位至"制"区最大，看机车状态指示屏"零位"灯灭；进入微机显示屏"辅助电源"画面，看辅变流器 1（APU1）输出频率升至（50±1）Hz；看微机显示屏显示级位由 11.9—1 级变化。 （2）调速手柄回"0"位，看机车状态指示屏"零位"灯亮	
8	牵引试验	（1）弹停转换开关置"缓解"位，看机车状态指示屏"停车制动"红灯灭。 （2）通过微机显示屏触摸开关恢复主变流器 CI1～CI3，看状态指示屏"预备"灯亮。 （3）将调速手柄置牵引"＊"位，看机车状态指示屏"零位""预备"灯灭；微机显示屏显示"1.0"级、牵引电机 M1～M3 输出扭矩显示 13 kN 左右。 （4）将调速手柄退回"0"位，机车状态指示屏"零位""预备"灯亮；看微机显示屏牵引电机 M1～M3 输出扭矩变为 0、手柄级位显示"0"级。 （5）通过微机显示屏触摸开关切除主变流器 CI1～CI3、恢复主变流器 CI4～CI6，将调速手柄置牵引"＊"位，看机车状态指示屏"零位""预备"灯灭；微机显示屏显示"1.0"级、牵引电机 M4～M6 输出扭矩显示 13 kN 左右。 （6）调速手柄退回"0"位，机车状态指示屏"零位""预备"灯亮；看微机显示屏牵引电机 M4～M6 输出力矩变为 0、手柄级位显示"0"级。 （7）换向手柄置"0"位，通过微机显示屏触摸开关切除主变流器 CI4～CI6	

续表

顺序	试验内容	试验要求	备注
9	辅变流器故障切换试验	（1）断开主断路器，通过TCMS屏"开放状态"栏手动切除APU1，看APU1栏变红。重新闭合主断，听APU2启动声，各风机启动运行，通过TCMS屏"机器状态"栏"风机状态"界面，确认WP1～WP2水泵、MA21～MA22油泵工作正常，MA11～MA16牵引风机、MA17～MA18复合冷却风机启动正常。 （2）通过TCMS屏"机器状态"栏"辅助电源"界面看APU2输出电源频率为50Hz，看PSU1（PSU2）装置投入工作，观察控制电压表及TCMS屏显示控制电压110 V。 （3）断开主断路器，恢复APU1，切除APU2试验（试验内容及步骤同上）	
10	PSU装置转换试验	（1）断电降弓拉回电钥匙开关，通过TCMS屏确认试验时正常工作的PSU单元，并通过TCMS屏检修模式修改系统日期，修改完毕后脱开蓄电池开关，30 s后恢复蓄电池开关。 （2）重新升弓闭合主断，确认控制电压表及TCMS显示屏显示控制电压110 V，通过TCMS屏"辅助电源"界面，确认另一组PSU投入工作。 （3）断开主断路器，采用手动转换PSU单元，将PSU装置柜侧面转换开关转至另一组PSU单元，重新闭合主断，确认控制电压表及TCMS显示屏显示控制电压110 V，通过TCMS屏"辅助电源"界面，确认另一组PSU投入工作	

第七步，非操纵端试验。对非操纵端进行与操纵端同样的检查和试验。

第八步，准备出段。

整备完毕：确认各防护、防溜设施已撤除，线路无障碍，机车各部无作业人员、机班全员上车，按压LKJ"调车"键调整限速模式，缓解弹停，需摘车前移时，如距离调车信号较近时，待信号开放按压LKJ"警惕"键解锁呼唤确认后再动车，前移10 m以上。

资料3：

溜逸是指停留在线路上的机车车辆，由于没采取止轮措施或止轮措施不当，导致车辆的自然移动。

机车车辆溜逸，是铁路运输生产中暗藏的"隐形杀手"。发生溜逸后失去控制，轻则发生冲撞，重则发生挤岔、脱轨、冒进信号区间等各类事故！

资料4：

设置防溜铁鞋时，必须在机车停妥后，已实施可靠制

《操规》接车作业－机车电气试验

动的状态下,铁鞋鞋尖应紧贴车轮踏面,对向放置在同一侧(原则上为派班室一侧)的第2、5位轮(四轴机车为2、3位轮,DF11G型机车应分别在每台车第2动轮对向各设置一只),牢靠固定。同一库内的防溜铁鞋放置位置必须一致(确有困难的特殊地点除外)。

资料5:

见机车整备流程第五步CCBⅡ型制动机"五步闸"试验。

资料6:

(1)派班室至整备场行走时机班全员必须同行,注意劳动人身安全(特别是带有学员的机班)。

(2)认真查阅机车动态记录簿,详细了解机车运用状态。

(3)接车后认真检查机车防护备品(铁鞋标注的机车号必须与接车的机车号一致、灭火器的使用寿命等)。

(4)接车确认防溜及行车装备良好后先检查沙量存储及沙管畅通情况,发现沙管不通时及时通知整备人员进行疏通,防止因汇报不及时导致出库晚点被追责。

【任务实施】

序号	实施步骤及质量标准	成果展示	完成时间
1	阅读资料1,熟悉"五不准、五必须"关于人身安全的规定	口述,笔记	随堂
2	阅读资料2,总结机车整备作业各项点	口述,笔记	随堂
3	阅读资料3,熟悉溜逸的危害	口述,笔记	随堂
4	阅读资料4,熟悉铁鞋防溜相关规定	口述,笔记	随堂
5	阅读资料5,熟悉CCBⅡ型制动机"五步闸"内容	口述,笔记	随堂
6	阅读资料6,熟悉库内整备安全风险项点	笔记图表展示	随堂
7	总结库内整备作业流程	笔记图表展示	随堂

【任务评价】

序号	鉴定评分点	是/否	随堂记录 （根据个人学习情况做好重点记录，确保对症下药精益求精）
1	你是否了解"五不准、五必须"规定		
2	能否描述库内机车整备各项点		
3	能否描述制动机试验"五步闸"内容		
4	能否确保机车不带防护出库		

【知识/技能储备】

1．为什么要严格执行过铁路"一站、二看、三通过"？
2．机车防护备品齐全的作用有哪些？
3．"五不准、五必须"的作用有哪些？
4．制动机试验为什么要按"五步闸程序"试验？

【企业案例】

1．事故概况

2015年5月12日4时03分，某次列车在济南站7道准备开车时，司机发现机车前端两侧各放有一个信号灯（运行右侧防护灯亮，左侧灯灭），会同车站、客检、乘检处理后开车，超站停11 min，构成铁路交通一般D10类事故（图2.11）。

图 2.11　事故案例

2．事故教训

（1）机车库内整备作业不按规定办理交接。地检司机接车后，又对其他机车进行整备检查，未与机车乘务员办理交接手续。

（2）检修作业完毕不按规定撤出防护灯。检修人员上车进行处理活件前，在机车两侧窗下部安放了两个防护灯，并打开红灯。施修完毕后，忘记撤出两侧防护灯就离开了机车。

（3）机车乘务员库内检车、后部瞭望作业流于形式。机车乘务员在整备场机3股上车，随后对机车上部进行检查后签点出段，未发现机车挂有防护灯出库。挂车后，司机发现机车左右侧挂有开启状态的防护灯，司机认为是列检人员所设，4时10分，列检人员将机车防护灯取下，4时14分，列车由济南站开车。

项目 3　调车作业

【情境导入】

机车整备完毕,司机小张机班全员上车后,拿起列车无线调度通信设备准备要道出段。

【学习目标】

1. 能理解调车作业及十六字方针。
2. 能正确执行车机联控,要道出段工作。
3. 能正确按信号显示调车及签点出段。
4. 能在电气化区段安全调车作业。
5. 调车安全无小事,必须高度重视。

【学习任务】

1. 了解调车作业有关规定及十六字方针。
2. 掌握要道出段联控用语。
3. 掌握调车信号呼唤标准用语,正确确认调车信号进行调车走行及签点出段。

4. 熟悉雾天等恶劣天气确保调车安全方法。

5. 熟悉担当区段各站场接触网设备布置情况。

6. 熟悉出库、站场走行调车作业要求。

读书笔记

【任务分析】

1. 调车作业有关规定及十六字方针。

2. 要道出段联控用语。

3. 调车信号呼唤标准用语。

4. 雾天等恶劣天气确保调车安全方法。

5. 在电气化区段调车作业的注意事项。

6. 段内走行限速值及调车、签点要求。

7. 在出库、站场走行调车要求。

8. 阅读的过程,专注关键要素,用简单的文字、图表等总结出来,不要泛泛地抄书。

【任务准备】

完成阅读下面资料。

资料1：

（1）整备完毕：确认各防护、防溜设施已撤除,线路无障碍,机车各部无作业人员、机班全员上车,按压LKJ"调车键"调整调车限速模式,缓解弹停,需摘车前移时,如距离调车信号较近时,待信号开放并按压LKJ"警惕"键解锁呼唤确认后再动车,前移10 m以上。

（2）出库动车前确认行车安全装备：对机车信号、监控装置、列尾装置、通信装置（线别、区段、通信模式）

出段

《操规》出段与挂车作业规定

出段作业

《操规》出段至发车呼唤应答标准

读书笔记

进行呼唤确认。确认用语:"机车信号上/下行确认好了""京沪线,北京至上海,450 MHz,LBJ已连接,通信装置设置好了,列尾设置好了"。

(3)调车动车步骤:确认信号(联控及复诵径路)→确认机车前后及两侧无作业人员、防护撤除→打换向→确认与运行方向一致→确认限速→按压LKJ"警惕"键解锁→确认解锁成功→缓解单阀→提手柄→确认单阀降零→调车动车。

(4)严格执行"彻底瞭望、确认信号、准确呼唤、手比眼看"十六字呼唤应答和车机联控制度。

资料2:

司机:××信号楼,HXD38081机车,整备完毕,准备要道出段。

信号楼:HXD38081机车,整备完毕,准备要道出段,信号楼明白。

资料3:

调车信号开放:信号楼:HXD38081机车,五股出库调车信号好了。

司机:HXD38081机车,五股出库调车信号好了,司机明白。

学习司机:调车信号,司机:白灯,学习司机:白灯。

调车信号未开放:学习司机:调车信号,司机:蓝灯停车,学习司机:蓝灯停车。

资料4:

遇大雾等恶劣天气,应适当降低速度,保证在瞭望距离内发现异常能及时停车。认真确认信号:调车信号要做到由近而远、逐架呼唤确认。并时刻注意确认信号,做到"听不清就问,看不清就停"。

资料5:

(1)在调车作业时,司机要熟悉担当区段各站场接触网设备布置情况,对无网区及接触网终点标、电力机车禁停标、分段绝缘、分相绝缘等接触网设备布置情况必须心中有数。

1）接触网终点标，设在接触网边界，如图 3.1 所示。

2）电力机车禁停标，设在站场、区间接触网不同供电臂间的电分段两端，电力机车在该标志提示的禁停区域内不得停留，如图 3.2 所示。

3）分段绝缘器是接触网进行电分段时采用的一种绝缘设备。在正常情况下，受电弓带电滑行通过。当某一接触网分段发生故障或因施工停电时，打开分段绝缘器处的隔离开关将该部分接触网断电，而其他部分能正常工作供电，如图 3.3 所示。

图 3.1　接触网终点标

图 3.2　电力机车禁停标

图 3.3　分段绝缘器

4）分相绝缘器用于接触网需要分相供电的电分段处，将接触网上不同相位的电能隔离开，避免在接触网上发生相间短路，同时承受一定机械负荷起机械连接作用，使接触网成为一个整体，如图3.4所示。

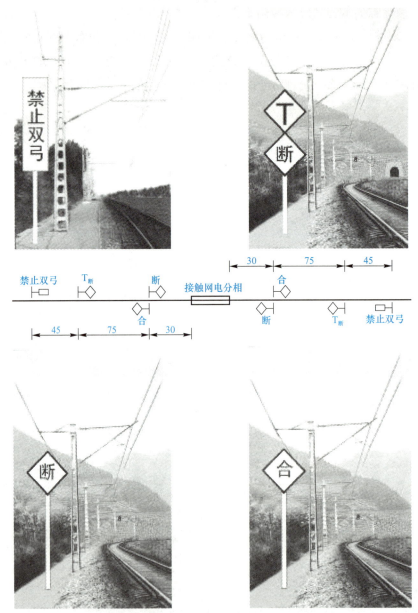

图 3.4　分相绝缘器

（2）在出入库、转场转线调车作业时，要加强瞭望，严格控制速度，防止机车进入无网区或无电区。电力机车进入无网区，不但无法自行移出，还会因受电弓与接触网终点标碰撞发生弓网事故。电力机车进入无电区，会将高压电带入停电区域，直接危及作业人员的人身安全。

（3）电力机车、动车组在有接触网终点的线路上调车时，应控制速度，距接触网终点标应有 10 m 的安全距离，遇特殊情况，必须近于 10 m 时，应先停车，再以不超过 3 km/h 的速度前移。

资料 6：

（1）段内走行限速：

1）整备线限速 10 km/h；

2）检查坑限速 5 km/h；

3）检测棚限速 5 km/h；

4）洗车机限速 2 km/h；

5）走行线限速 15 km/h；

6）站段联络线（自站段分界点至车站首架调车信号机）限速 20 km/h。

不同的铁路局对限速的规定不同。

（2）调车信号和道岔确认：执行一呼一答一复诵，手比指向信号机和道岔，并停顿 2 s。跟踪运行间隔 50 m 以上，执行十、五、三车呼唤和控速要求，距离前车 20 m 时先停车。

（3）出库签点，对标停车，按压 LKJ "调车"键调整限速模式，二位司机（副司机）先使用直通电话向整备楼汇报机车号、车次、司机姓名，将出库点告诉一位司机，再使用直通电话向车站汇报机车号、大小交路等。

（4）设有"一度停车"牌的辅路前一度停车，动车前确认无行人和车辆通过，出库首架调车信号机前停车联控。

资料 7：

（1）出库走行：段内跟踪走行间隔不少于 50 m（整备线同一线路、同一方向整备机车跟踪走行间距少于 50 m 时，跟踪走行速度不超过 5 km/h）。

（2）站场走行：站段联络线走行要求控速在 20 km/h 以下。非连挂在一起的两台机车在同一线路不得跟踪运行。特殊情况必须跟踪运行时，距前方机车必须留有 200 m 以上的安全距离，停车时前后机车的间隔至少留有 20 m 安全距离，特殊情况必须近于 20 m 时，应停车再开，速度不得超过 5 km/h。

（3）遇天气不良，瞭望距离不足 50 m 时，司机要控制能随时停车的速度。接近停车信号、脱轨器、接触网终点标、车挡、尽头线、站界标等各防护信号、标志时，严格控制速度，停车时应留有不少于 10 m 的安全距离，特殊情况必须近于 10 m 时，应停车再开，速度不得超过 3 km/h。图 3.5、图 3.6 所示为车挡标志，图 3.7 所示为脱轨表示器。

图 3.5　白天车挡　　　　　　　图 3.6　昼间车挡

图 3.7　脱轨表示器

【任务实施】

序号	实施步骤及质量标准	成果展示	完成时间
1	阅读资料1，熟悉调车作业动车条件及十六字方针	口述，笔记	随堂
2	阅读资料2，掌握要道出段联控用语	口述，笔记	随堂
3	阅读资料3，熟悉调车信号呼唤用语标准	口述，笔记	随堂
4	阅读资料4，熟悉恶劣天气确保调车安全方法	口述，笔记	随堂
5	阅读资料5，熟悉电气化区段确保调车安全方法	口述，笔记	随堂
6	阅读资料6，熟悉段内走行限速值及调车、签点要求	口述，笔记	随堂
7	阅读资料7，熟悉出库、站场走行调车作业要求	口述，笔记	随堂

【任务评价】

序号	鉴定评分点	是/否	随堂记录（根据个人学习情况做好重点记录，确保对症下药精益求精）
1	你是否了解调车作业十六字方针		
2	能否说出调车信号呼唤用语		
3	能否了解电气化区段确保调车安全要求		

【知识/技能储备】

1．调车作业动车条件及十六字方针是什么？

2．调车信号联控呼唤用语有哪些？

3．调车作业注意事项有哪些？

4．电气化区段如何确保调车安全要求？

【企业案例】

案例一：

1．事故概况

2021年4月，某机务段机车乘务员使用DF7型机车担当甲站调车作业任务时机班未按规定执行车调联控制度，盲目臆测调车信号机开放，越过关闭的进路兼调车信号机，挤坏两组道岔，构成铁路交通一般D3事故。

2．事故教训

（1）严格执行调车联控制度和调车作业"三无、五盯、七禁止"要求，做到"不联控、不动车""车动集中看、瞭望不间断"。

（2）严格落实"彻底瞭望、确认信号、准确呼唤、手比眼看"十六字令，杜绝"四假"问题。

（3）三无、五盯、七禁止。三无：无臆测、无误认、无漏看；五盯：盯住信号、表示器、脱轨器、车挡（接触网终点标）、停留车位置；七禁止：禁止闲谈聊天、打盹睡觉、沏茶倒水、做饭吃饭、东张西望、接打手机、读书看报。

案例二：

1．事故概况

2021年4月，某机务段动车车间司机使用CR400AF复兴号动车组，在甲站担当调C6703次作业时越过关闭的D9信号机，影响客车两列，构成铁路交通一般D3事故。

2. 事故教训

（1）注意力不集中，未盯住信号显示，未按要求由近及远地确认调车信号。

（2）未执行先联控后动车、不联控不动车要求。

（3）发现信号关闭后采取措施不果断，采取了常用制动方式，未及时紧急制动停车。

（4）未执行卡控措施，该一度停车未一度停车且控速过高。

3. 调车联控用语

以济西站场调车环节为例，调车联控用语如下：

（1）第一架调车信号机开放后，与车站进行调机联控。

联控用语如下：

一位司机：济西三场楼，××机车进三场7道调车联控。

车站：××机车进三场7道调车信号好，前方D324关闭（或前方有车注意运行）。

一位司机：××机车进三场7道调车信号好，前方D324关闭（或前方有车注意运行），司机明白。

一位司机向机班传达调车径路，二位司机（副司机）复诵后，再动车。如前方有车，执行十、五、三车呼唤和控速要求，跟踪运行间隔200 m。

（2）三场7道南头D324信号机前，必须停车确认（前车通过后，此调车信号存在白灯变蓝灯延时的问题），调车信号开放后，与车站进行调机联控。

车站：××机车三场7道出，去机待线调车信号好，D410回头，准备挂四场13股。

一位司机：××机车三场7道出，去机待线调车信号好，D410回头，准备挂四场13股，司机明白。

一位司机向机班传达调车径路，二位司机（副司机）复诵后，再动车。

（3）由近及远逐架信号机手比呼唤，距离机待线 100 m 时执行十、五、三车呼唤及控速要求，进入土挡前一度停车，动车前呼唤确认接触网终点标，回岔后立即停车。换端作业时自阀重联位、单阀全制位，必须呼唤确认好弹停制动状态。

（4）换端后先确认弹停制动，再进行单阀试验。调车信号开放后，与车站进行调机联控。

联控用语（例如）：

一位司机：济西三场楼，××机车机待线去四场 13 股调车联控。

车站：××机车机待线 D410 信号好去四场 13 股，注意防护牌。

一位司机：××机车机待线 D410 信号好去四场 13 股，注意防护牌，司机明白。

一位司机向机班传达调车径路，二位司机（副司机）复诵后，再动车。

案例三：

1．事故概况

2019 年 7 月 23 日 13 时 54 分，某局某次货物列车本务机车在甲站调车作业，因司机未确认调车信号显示状态，也未与车站进行调车联控，盲目牵出越过关闭的调车信号机，挤坏道岔，构成铁路交通一般 D3 类事故（图 3.8）。

2．事故教训

严格执行作业标准的规定。正确及时地确认调车信号的显示，由近而远、逐架呼唤确认。时刻注意确认信号，认真执行调车联控制度，做到"听不清就问，看不清就停"，增强作业中的安全预想能力和车机联控的意识。

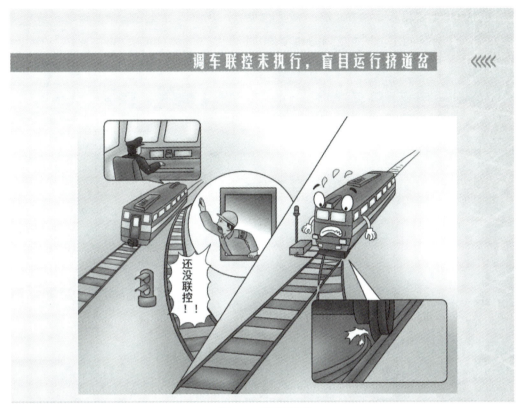

图 3.8 事故案例

案例四：

1．事故概况

2015 年 7 月 1 日，某机务段动车车间使用 CRH2A-2356 号动车组，担当青岛（港湾）至青岛站间调 D6092 次车列回送任务。4 时 08 分青岛（港湾）调车开车，4 时 23 分车辆在青岛站 9 道以 10 km/h 的速度与挡车器冲撞，构成铁路交通一般 D 类事故（图 3.9）。

2．事故教训

（1）值乘中违章盹睡。以中国铁路济南局集团有限公司为例，违反了《济南局机务运用主要工种作业标准》"值乘要严格按标准化作业，彻底瞭望，确认信号，精力集中"的规定，在进入青岛站 9 道停车标前盹睡，没有采取制动措施，造成动车组前端与挡车器冲撞事故的发生。

（2）发生相撞后，擅自退行。发生相撞后，地勤司机没有及时汇报，在后部没有防护人员的情况下，慌乱盲目后退9 m。

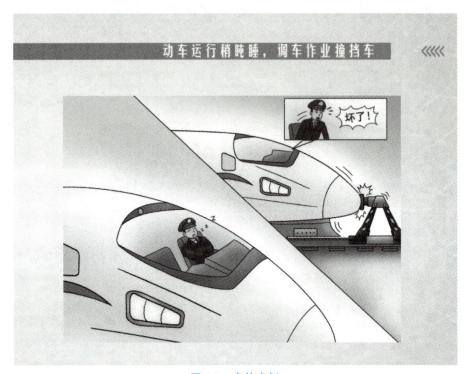

图3.9　事故案例

项目4　发车准备与发车

【情境导入】

司机小张机班操纵机车进入挂车线，确认脱轨器、防护信号撤除后，在车列前一度停车后准备去挂车。

【学习目标】

1. 能正确在车站挂车。
2. 能正确设置运行参数。
3. 能正确检查机车与第一位车辆连挂状态。
4. 能正确进行制动机试验，确认发车信号平稳启动列车。
5. 做好各项发车准备工作，筑牢安全行车的防线。

【学习任务】

1. 了解在车站挂车有关要求。
2. 掌握如何正确输入列车运行参数。
3. 掌握机车与第一位车辆连挂检查确认内容。
4. 掌握列车制动机检查试验要求及应急处置。
5. 掌握列车制动机试验的有关要求。

6. 掌握正确凭发车信号启动列车。

7. 掌握发车准备及列车平稳启动方法。

《操规》发车准备及发车作业规定

【任务分析】

1. 车站挂车、连挂检查有关要求。

2. 正确输入列车运行参数。

3. 列车制动机检查试验要求及应急处置。

4. 列车制动机试验有关要求。

5. 列车的发车方式。

6. 开车对标及列车平稳启动方法。

7. 阅读的过程，专注关键要素，用简单的文字、图表等总结出来。

读书笔记

【任务准备】

完成阅读下面资料。

资料1：

总体要求：进入挂车线后，应严格控制机车速度，执行十、五、三车和一度停车规定，确认脱轨器、防护信号及停留车位置。

（1）距脱轨器、防护信号、车列 10 m 前必须停车。

（2）确认脱轨器、防护信号撤除后，显示连挂信号，以不超过 5 km/h 的速度平稳连挂。

（3）连挂时，根据需要适量撒砂，连挂后要试拉。

细化要求：

（1）呼唤手比确认调车信号开放后动车，接近挂车线，机班呼唤"挂车线限速 10 km/h"，执行距离脱轨器（车列）的十、五、三车呼唤和控速要求，脱轨器（无论撤除与否）车列前 10 m 必须停车；机班呼唤手比确认脱轨器状态，未撤除呼唤"红牌（红灯）停车"，待撤除了呼唤"撤除好了"，执行距离车列的十、五、三车呼唤和控速要求，车列前 10 m 必须停车，停车后按压 LKJ"调车键"调整挂车限速模式，机班呼唤手比确认防护信号状态，无防护信号，二位司机（副司机）携带录音笔下车引导。

（2）二位司机（副司机）下车将机车列车管从防尘堵拿下，沿两线路中间行走至车列处，不得侵限，侧身检查车钩三态正常后（禁止开放车辆的折角塞门），显示连挂信号，连挂后进行试拉（要看两车钩试拉状态，杜绝假试拉），试拉和试拉好了必须高声呼唤。试拉完毕后，二位司机（副司机）检查车钩连挂状态、检查钩提杆和钩提销落槽状态、列车管连接状态、折角塞门开启状态、是否漏风、水平中心线、小孔露出、β 销是否插好等，检查完毕后上车进行换端作业。

挂车时，若需要调整钩位时，挂车人员必须要显示停车信号，与操纵司机联系后，确认机车停稳后方可调整，操纵司机在没有得到挂车人员的启动信号前严禁启动车，严防机车车辆伤害。

1）停车信号：要求列车停车。

昼间——展开的红色信号旗；夜间——红色灯光（图 4.1）。

昼间无红色信号旗时，两臂高举头上向两侧急剧摇动；夜间无红色灯光时，用白色灯光上下急剧摇动（图 4.2）。

2）减速信号。

昼间——展开的绿色信号旗下压数次；夜间——绿色灯光下压数次（图 4.3）。

读书笔记

挂车作业 1

挂车作业 2

图 4.1　停车信号

图 4.2　无红色信号旗时的停车信号

图 4.3　减速信号

3）指挥机车向显示人方向来的信号。

昼间——展开的绿色信号旗在下部左右摇动；夜间——绿色灯光在下部左右摇动（图 4.4）。

图 4.4　指挥机车向显示人方向来的信号

4）指挥机车向显示人方向稍行移动的信号。

昼间——拢起的红色信号旗直立平举，再用展开的绿色信号旗左右小动；夜间——绿色灯光下压数次后，再左右小动（图 4.5）。

图 4.5　指挥机车向显示人方向稍行移动的信号

5）指挥机车向显示人反方向去的信号。

昼间——展开的绿色信号旗上下摇动；夜间——绿色灯光上下摇动（图 4.6）。

图 4.6　指挥机车向显示人反方向去的信号

6）指挥机车向显示人反方向稍行移动的信号。

昼间——拢起的红色信号旗直立平举，再用展开的绿色信号旗上下小动；夜间——绿色灯光上下小动（图 4.7）。

图 4.7 指挥机车向显示人反方向稍行移动的信号

（3）列检人员连接列车管后，自阀缓解充风状态，一位司机携带录音笔进行连挂状态的复检，重点检查车钩连挂状态、检查钩提杆和钩提销落槽状态、列车管连接状态、折角塞门开启状态、是否漏风、水平中心线、小孔露出、销是否插好等。

资料 2：LKJ 参数输入

（1）接到列车编组确认交路运行方向后，由二位司机（副司机）（副司机）坐在驾驶位，按压"设定"键进行参数输入，输入过程中依次逐项进行提问，一位司机在一侧对照操作提示卡及列车编组单进行应答，二位司机（副司机）（副司机）复诵并输入。

（2）参数输入完毕后，二人交换位置，司机坐在驾驶位，按压"查询+6"键进行复检核对，依次逐项进行提问，二位司机（副司机）（副司机）在一侧对照操作提示卡及列车编组单进行应答，一位司机对照输入的参数进行核对。确认无误后，不再进行查询操作。

注意：①对影响数据控制的车次行别、车站号、区段号、车速等级四个关键要素要手触 LKJ 提示卡相应项点逐项确认，确保输入参数与 LKJ 提示卡提示要求一致。

②在查询参数环节，禁止按压"设定"键进行参数查询，否则需要重新输入车速等级，确保车速等级正确。

发车准备与发车

发车作业

③修改区段号、车站号、车次种类、车次编号、列车种类、本/补任一参数时,会使监控装置降级。

④车次种类、列车种类、本补、车速等级须在停车状态下才能进行修改。

(3)复检完毕后,机班手比呼唤,确认LKJ上"站名、司机工号、交路号、车站号、车次、车速等级、降级、开车、货本"等设置正确,机车信号、上下行开关位置设置正确、通信装置设置正确。

资料3:

(1)根据牵引列车的种类规定,核对机车制动机设定的列车制动主管定压是否正确。列车制动主管达到规定压力后,司机按规定或按检车人员(助理值班员、列检)的要求进行列车制动机试验。在进行列车制动机试验时,应注意确认充、排风时间是否正常(使用列尾装置的列车,按压列尾装置司机控制盒"风压查询"键,检查列车制动主管压力的变化情况),并记录充、排风时间作为本次列车操纵和制动机使用的参考依据。CCB Ⅱ型、法维莱等微机控制的制动机,注意观察显示屏上充风流量信息。

(2)在制动试验中发现排风异常或列车制动主管漏泄每分钟超过20 kPa(每分钟漏泄20 kPa也符合规定)等不符合规定标准的情况时,应立即关闭机后第一位车辆前位折角塞门,进行机车制动机试验,判断是否为机车原因,若机车试验正常,重新开放机后第一位车辆前位折角塞门,立即通知车站值班员和列检人员,并配合检查处理,在司机手册记录故障现象、通知时间等事宜。

(3)列车制动机试验完毕后(包括中间站停车),超过20 min(自列车停妥或简略试验完了时起至取得行车凭证时止)再开车应进行简略试验;军用列车和特别指定的列车停车再开车时应进行简略试验。

资料 4：

（1）全部试验：列检作业场无列车制动机的地面试验设备或该设备发生故障时，机车对列车充满风，司机应根据检车员的要求进行试验：

1）自阀减压 50 kPa（编组 60 辆及 60 辆以上时为 70 kPa）并保压 1 min，对列车制动机进行感度试验，全列车必须发生制动作用，并不得发生自然缓解，司机检查制动主管漏泄量，每分钟不得超过 20 kPa，手柄移至运转位后，全列车须在 1 min 内缓解完毕。

2）自阀施行最大有效减压（制定主管定压 500 kPa 时为 140 kPa，定压 600 kPa 时为 170 kPa），对列车制动机进行安定试验，以便检车员检查列车制动机，要求不发生紧急制动，并检查制动缸活塞行程或制动指示器是否符合规定。

（2）简略试验：制动主管达到规定压力后，自阀减压 100 kPa 并保压 1 min，检查制动主管贯通状态，检车员、车站值班员或车站有关人员检查确认列车最后一辆车发生制动作用，司机检查制动主管漏泄量，每分钟不得超过 20 kPa。

（3）持续一定时间的保压试验：在长大下坡道前方的列检作业场需进行持续一定时间的保压试验时，应在列车制动机按全部试验方法试验后，自阀减压 100 kPa 并保压 3 min，列车不得发生自然缓解。

（4）使用有列尾装置的列车，司机按规定试验列尾装置作用良好。列车出发前、进站前、进入长大下坡道前和停车站出站后、贯通试验后，应使用列尾装置对制动主管的压力变化情况进行检查，发现制动主管的压力异常时，应立即停车，停车后，查明原因妥善处理，并通知就近车站值班员或列车调度员。

细化要求如下：

（1）列车在区间停车时，开车前必须查询尾部风压，

读书笔记

试验列车制动主管贯通状态，确认列车完整。查询不到尾部风压或尾部风压异常时，报告就近车站值班员，由车站值班员报告列车调度员，并按列车调度员的指示办理。

（2）列车在中间站加挂机车、更换机车或运行途中机车发生故障不能继续运行请求救援后，司机应在停车并确认制动管减压的情况下，解除列尾装置主机的记忆。

资料 5：

《技规》中对于动车组以外的旅客列车的发车方式有两种：一是电话发车（车站使用列车无线调度通信设备通知发车，司机应复诵）；二是手信号发车（昼间展开的绿色信号旗上弧线向列车方面做圆形转动；夜间绿色灯光上弧线向列车方面做圆形转动）（图 4.8）。发车信号显示正确后，按规定执行车机联控，准确呼唤（应答），启动列车。

继乘作业

中间站继续站作业

图 4.8 发车手信号

资料 6：

开车前做好准备工作。

司机按规定办理列车编组等交接手续，将列车运行参数输入列车运行监控装置并复核确认，正确进行列车运行监控装置、机车信号、列车综合无线调度通信设备等行车安全装备的设置操作。检查确认自动过电相装置是否开启，各仪表、开关是否正确，非操纵司机（学习司机）复检，等待发车。

启动列车前，按规定执行车机联控，两人及两人以上（单司机值乘区段除外）确认行车凭证、发车信号显示正确（规定车站使用列车无线调度通信设备通知发车的，司机接听时须复诵通知全员），准确呼唤（应答）。

开车前先预判对标点，天气不良或有车遮挡，无法确认对标点时，使用《天气不良对标作业提示卡》找清楚对标位置，掌握"宁早勿晚"的原则，一定确认车位并校正。

（1）货物列车开车前先进行后部瞭望，转换换向手柄与运行方向一致，呼唤确认机车信号上下行、机车信号显示、道岔限速、定速、总风压力、列车管压力、单阀压力为零，提手柄后呼唤手柄级位。速度高于 4 km/h 时，操纵司机手放在"警惕"键处，报警时及时按压。

（2）到达对标点前，非操纵司机呼唤"注意对标"，操纵司机按压 LKJ "开车"键，对标后机班对道岔限速进行手比呼唤确认，操纵司机盯住限速、时速和手柄级位关系，防止超速。

（3）启车时，应检查制动机手柄是否在正常位置，在缓解机车制动的同时可提手柄加载。提手柄逐级进行，做到启车稳、加速快、不空转。上坡道起车时，可先将牵引手柄置适当级位后，再缓解机车制动。列车启动后，确认各仪表的显示状态，分别进行后部瞭望确认列车启动正常。

【任务实施】

序号	实施步骤及质量标准	成果展示	完成时间
1	阅读资料1，熟悉《铁路机车操作规则》中机车进入挂车线的有关要求	口述，笔记	随堂
2	阅读资料2，掌握根据参数提示卡正确输入列车运行参数	口述，笔记	随堂
3	阅读资料3，掌握机车与第一位车辆连挂检查确认内容	口述，笔记	随堂
4	阅读资料4，熟悉列车制动机检查试验要求及应急处置	口述，笔记	随堂
5	阅读资料5，熟悉列车发车的两种方式	口述，笔记	随堂
6	阅读资料6，熟悉发车准备内容及列车平稳启动方法	口述，笔记	随堂

【任务评价】

序号	鉴定评分点	是/否	随堂记录 (根据个人学习情况做好重点记录,确保 对症下药精益求精)
1	你是否了解进入挂车线挂车有关要求		
2	能否说出机车与第一位车辆连挂检查内容		
3	能否说出列车制动机试验具体内容		
4	能否说出列车发车的方式及列车启车相关要求		

【知识/技能储备】

1. 进入挂车线挂车要求有哪些?
2. 机车与第一位车辆连挂检查内容有哪些?
3. 列车制动机试验具体内容有哪些?
4. 列车发车的方式及列车启车相关要求有哪些?

【企业案例】

案例一:

1. 事故概况

2016年6月20日7时29分,某局某段在单线半自动闭塞区间担任某次旅客列车牵引任务,始发站出站后,因机车乘务员错输监控数据,导致被迫停车,经处理后7时37分恢复行车,造成运缓14分钟,构成铁路交通一般D15类事故(图4.9)。

图 4.9 事故案例

2．事故教训

（1）司机在敦化站接班后，错误输入上行车次对标开车，因 LKJ 调用上行数据，出站后被迫使用常用制动停车。

（2）要严格按照参数提示卡输入相关要求，正确输入交路号、车站号、车次种类、车次编号、列车种类、本补、客货车、车速等级及列车编组相关参数，确保列车在降级状态下对标开车。

案例二：

1．事故概况

2017 年 9 月 18 日，某局某段担当陇海线兰州至西安间某次旅客列车的牵引任务，12 时 30 分到达天水站 5 道停车办理客运业务，发车进路信号开放后，机班在等待发车过程中，精力不集中，一直谈论和行车有关的事情，12 时 38 分司机将邻站社棠站"51073 次 5 道出站信号好了，5 道发车"的无线调度通信设备发车信号，误听为本列发车信号，12 时 41 分开车，12 时 42 分被车站喊停于站内（走行 113 m），构成铁路交通一般 D 类事故（图 4.10）。

图 4.10 事故案例

2. 事故教训

（1）机车乘务员执行作业标准不彻底，《技规》中对于动车组以外的旅客列车的发车方式有两种：一是电话发车；二是手信号发车。此事故中，机车乘务员没有认真执行作业标准，在没有听清发车信号的情况下，没有执行听不清就问的作业要求，没有向车站问明是否发车的情况下，盲目开车构成事故。

（2）认真执行确认发车信号的安全措施。机车乘务员在确认车站发车人员的发车信号后，要电话询问是否发车，防止误认发车。

案例三：

1. 事故概况

2017年3月21日，某局某次旅客列车，运行至甲站—丙站间 K321+525 处，司机查询列车尾部风压时，误按列尾装置排风按钮，造成列尾装置排风停车，构成铁路交通一般 D15 类事故（图 4.11）。

2. 事故教训

（1）司机错误按压"列尾排风"键。"列尾排风"键的作用是在遇紧急情况需列尾装置辅助排风制动时，司机应持续按下"列尾排风"键 3 s 以上，或按下"列尾排风"键后 3 s 内再按下"确认"键。

图 4.11　事故案例

（2）"风压查询"键和"列尾排风"键相距很近，如果错误按压，很容易造成 KLW 排风停车。但是，司机操作 KLW 不精细，不认真，没有确认按键的情况下，盲目按压"列尾排风"键，造成列车停车。

案例四：

1. 事故概况

2019 年 4 月 30 日 16 时 35 分，某局某段担当京九线甲站至丙站间 23 333 次货物列车牵引任务，乙站开车后运行速度升至 23 km/h 时，列车突然非常停车，司机下车检查发现机车与车辆分离，16 时 55 分经连挂、试拉和制动机试验后区间开车，当速度升至 2 km/h，走行 3 m 左右时，列车再次非常停车，司机下车检查发现机车与车辆分离。16 时 59 分司机请求救援，17 时 42 分救援完毕，构成铁路交通一般 D8 类事故。

2. 事故教训

（1）学习司机对车辆车钩防跳装置结构不了解，列车在麻城站换挂机车时，未将连接端车辆车钩的防跳插销拔下，而直接提起车钩提杆，致使车辆车钩防跳插销卡入下锁销孔内变形，连挂后，因防跳插销卡滞在下锁销孔内，下锁销杆、锁铁均不能落锁，导致车钩防跳失效，列车运行中振动后车钩开锁分离。

（2）车钩分离后，机车与列车再次连挂时，学习司机在未解开防跳插销的情况下，又反复向上多次提起钩提杆，使得防跳插销进一步弯曲变形。

项目 5　列车运行作业

【情境导入】

列车从济南站出发开往青岛站，启动列车前，司机小张按规定执行车机联控，机班共同确认行车凭证、发车信号显示正确，准确呼唤，鸣笛启动列车。

【学习目标】

1. 能遵守列车运行总体要求。
2. 能在列车运行中彻底瞭望确认。
3. 能正确输入支线号、侧线股道号。
4. 能正确贯通试验。
5. 能正确操作电力机车过电分相。
6. 能正确操作制动机使用。
7. 能正确操作慢行限速区段运行。
8. 能正确操作运行途中正常情况下的 LKJ。
9. 能正确处理列车运行中发生的非正常情况。
10. 能正确处理列车运行中机车故障。
11. 让标准成为习惯，让习惯符合标准，确保行车安全。

【学习任务】

1．了解列车运行总体要求。

2．了解列车运行中瞭望确认要求及呼唤时机。

3．掌握如何输入支线号、侧线股道号。

4．掌握贯通试验要求。

5．掌握电力机车过电分相基本要求。

6．掌握制动机规范使用内容。

7．掌握施工慢行地段限速控制。

8．掌握列车运行途中 LKJ 常规处理办法。

9．掌握列车运行非正常情况下应急处理办法。

10．掌握列车运行途中机车故障处理办法。

读书笔记

【任务分析】

1．学习列车运行总体要求。

2．学习列车运行中瞭望确认要求及呼唤时机。

3．学习如何正确输入支线号、侧线股道号。

4．学习贯通试验要求。

5．学习电力机车过电分相基本要求。

6．学习制动机规范使用内容。

7．学习施工慢行地段限速控制。

8．学习列车运行途中的正常情况下的 LKJ 操作。

9．学习列车运行非正常情况下应急处理办法。

10．学习列车运行途中机车故障处理。

11．阅读的过程，专注关键要素，用简单的文字、图表等总结。

途中作业

途中运行作业

读书笔记

【任务准备】

完成阅读下面资料。

资料 1：列车运行总体要求

（1）值乘中严格遵守各项规章制度，严格按照标准化作业。执行"彻底瞭望、确认信号、准确呼唤、手比眼看"十六字呼唤应答和车机联控制度。

（2）服从命令，听从指挥，牢固树立安全、正点意识。遵守列车运行图规定的运行时刻和各项允许及限制速度。操纵机车要做到遵章守纪、爱护机车、平稳操纵、安全正点。列车启动后应根据目标速度及时加速，严格遵守每百吨列车质量换算闸瓦压力限制速度，列车限制速度，线路、桥隧、信号容许速度，机车车辆最高运行速度，道岔、曲线及各种临时限制速度，以及 LKJ 速度控制模式设定的限制速度的规定。

（3）速度控制细化要求。

1）库内走行，单机、小编组列车降级开车时，机班二人要先呼唤限速相互提醒，二人明确分工，非操纵司机负责前方线路的确认瞭望，异常情况及时通知司机。操纵司机精心操纵，盯紧限速、实速及手柄级位的变化，严格速度控制。高速变低速时，呼唤"前方限速××千米，注意控速"，并及时控速。

2）使用 HXD3 型机车每次提手柄前必须呼唤确认限速、实速及手柄级位。

3）使用 HXD2B 型机车每次提手柄前必须呼唤确认限速值，提手柄后盯住速度变化，及时调整手柄级位。道岔限速 25 km/h 的车站，在列车速度达到 20 km/h 时必须回手柄，道岔限速 30 km/h 的车站列车速度达到 25 km/h 必须回手柄，道岔限速 45 km/h 的车站列车速度达到 40 km/h 必须回手柄。防止超速、卸载常用问题发生。

4）达速不超速，严格落实"3、2、1"控速要求，达到限速值以下3 km/h时（如若限速80 km/h，达到77 km/h时）要呼唤确认速度，2 km/h时根据情况采取措施，1 km/h时必须采取有效措施。

5）出清道岔运器限速抬起后，手触LKJ显示屏呼唤确认"出清道岔限速××公里"后再提速。

6）慢行结束后待限速抬起，先进行揭示的钩划（慢行结束后已进站时，待出站后钩划），再手触LKJ显示屏呼唤确认"慢行结束限速××千米"后再提速。

7）低速变高速，限速抬起后，手触LKJ显示屏呼唤确认"限速××千米"后再提速。

（4）列车运行中，当列尾装置主机发出电池欠压报警、通信中断等异常情况时，司机应及时通知就近车站值班员或列车调度员，同时通知车辆乘务员。

资料2：

（1）瞭望确认要求：列车或单机启动前及运行中，对前方信号、线路等设施和安全状况认真瞭望，严禁臆测行车。在进行记点、车机联控、列车运行监控装置操作、仪表确认等作业时，办理瞭望交接并在瞭望距离内迅速完成。

（2）信号瞭望确认呼唤时机：进站（进路）信号不少于800 m；出站、通过、接近、预告信号不少于600 m；信号表示器不少于100 m；调车信号不少于100 m（两调车信号机间隔距离不足100 m时及时确认呼唤）。因天气不良、信号机设置、障碍物遮挡等原因瞭望距离不足时，要先确认机车信号并呼唤。

（3）运行中，发现严重晃车或有危及行车、人身安全的情况时，迅速采取停车措施，并立即用列车无线调度通信设备报告调度员或邻近车站值班员，同时按压列车运行监控装置"定标"键形成记录。遇撞击大型机动车、障碍物或交会列车的绑扎、遮盖物松脱侵入本线限界等危及行

读书笔记

《操规》途中运行作业规定

列车操纵示意图

列车握纵五色图

读书笔记

车安全的情况,应立即采取紧急停车措施,危及机车乘务员人身安全时应紧急避险,并汇报就近车站。

(4)运行中注意机车司机室内各仪表、显示屏的显示状态。列车启动、使用制动机、过分相或机车有异音、异状等非正常情况时,必须全面检查确认司机室内各仪表、显示屏的显示情况和各手柄、开关位置。

(5)在停车站前一架信号机,必须检查确认并呼唤列车运行监控装置显示的距离是否正确,发现误差及时采取措施进行调整。

资料3:

输入和核对实行四清:联控清、标注清、输入清、核对清。

(1)及时联控,联控后机班要复诵联控股道并将股道号标注到司机手册上,清楚列车走行径路和进入前方站的股道,联控不上时严禁臆测输入。

(2)联控清楚后,及时输入股道号和支线号。输入时,操纵司机对输入的股道号和支线号确认后再按压"确认"键,双人作业时的非操纵司机或副司机根据联控内容对操纵司机参数输入情况进行确认。确定进路方向时及时进行支线号输入,不能确认支线号车站停车前必须调出支线号窗口(防止漏输支线号)。

(3)进站后手比逐条数清实际进入股道,并与输入股道号进行对比确认,确认时要手触LKJ显示器进行确认并呼唤。

(4)支线车站,根据联控径路确认进路表示器显示方向,再次手触LKJ显示器确认支线号输入的准确性,若进路表示器显示与联控方向不一致时(或灭灯)立即停车。

(5)联控不上时,严禁臆测输入,按照车站最低道岔限速值控速进站,进站后根据实际进入股道进行股道号输入。若联控错误,需修改股道时,要立即控速,将速度控制到最低道岔限速以下后再进行修改,防止修改时LKJ限速突降紧急动作。

（6）进入一站多侧线的车站进入下一车场时，进入车站或下一车场后再进行股道号输入操作。

资料 4：

始发站或停车再开车后，应选择适当地点进行贯通试验。自阀减压 50～60 kPa，司机确认制动主管排风结束、列车速度下降方可缓解，同时司机应注意风表压力及列车充、排风时间；装有列尾装置的列车还应使用列尾装置查询列车尾部制动主管风压。

资料 5：

1．过电分相的基本要求

（1）过电分相时，主手柄必须置于"0"位，确认主断路器断开。首次过分相时将手放在主断路器控制开关上，防止不能自动断开，及时手动断开。自动过分相装置故障，应使用手动过分相，并通知列车调度员（车站值班员）。通过分相绝缘器时严禁升起前后两受电弓，一般不应在牵引电动机带负荷的情况下断开主断路器。按"断""合"电标，断开、闭合主断路器（装有自动过分相装置除外）。

（2）机车乘务员应熟知担当区段内所有电分相位置和线路纵断面，做到"跨前准备好、过跨不带电、制动有风源、走车不困难"的四项基本要求。过电分相前，根据信号显示及电分相位置、线路坡度等情况，合理掌握速度，防止因速度过低而造成运缓或停在电分相内，货物列车若通过分相绝缘器前，列车速度过低时（速度值由铁路局规定），允许快速退回牵引手柄。

（3）禁止在"电力机车禁停标"标注的区域内停车。如遇特殊情况停在禁停区域内，必须立即降下受电弓并请求救援。停车时禁止受电弓停留在分段绝缘器下方，如特殊情况停车时，受电弓处在分段绝缘器下方，必须立即降

读书笔记

五色图及符号说明

《操规》途中运行
呼唤应答标准

下受电弓，更换使用不在分段绝缘器下方的受电弓。

（4）低速过分相时秉承"晚断早合"原则。高速过分相时秉承"早断晚合"原则。侧线开车后的普通分相根据道岔限速和收码时机，尽量提高速度过分相，必须满足最低过分相速度。

2．电分相的定义

在单相交流牵引供电系统中，电力机车是由单相电供电的，为了平衡电力系统的 A、B、C 各相负荷，一般要实行 A、B、C 相轮流供电，所以 A、B、C 相之间要进行分开，称为电分相。

3．接触网设置电分相原因

在这些不同相的接触网相连接处要设置电分相。简单来说，就是因为电分相两端的接触网电相压不同，相间电压太高，所以要设置电分相。如果将不同相的接触网接到一起，就会爆炸。

4．电分相的作用

（1）在一个变电所发生故障时，相邻的变电所可以越区供电。

（2）在发生故障时，可以缩小事故影响范围，同时也方便了故障的查找。

（3）一条供电臂只能供二十几千米的电，再远末端电压就会降低，所以在两条供电臂交汇的关节处设置电分相，这样才能保证所有的接触网最低电压能满足电力机车的工作电压。

资料 6：制动机操作要求

（1）正常情况下进行列车调速、停车、试验和停车后的制动保压防溜等使用自阀减压时，必须确认列车制动主管充风至定压后进行，严禁未充满风进行制动。在列车启车、制动等移动制动手柄操作后，应检查确认各制动手柄位置和各仪表显示是否正确。装有动力制动装置的机车，可使用动力制动或动力制动和空气制动配合调速，停车时应使用空气制动停车。

（2）施行常用制动时，应考虑列车速度、线路坡道、牵引辆数和吨数、车辆种类以及闸瓦压力等条件，保持列车均匀减速，防止列车冲动。进入停车线停车时，提前确认 LKJ 显示距离与地面信号位置是否一致，准确掌握制动时机、制动距离和减压量，应做到一次制动减压、追加减压停车，货物列车严禁两段制动（以进站或进路信号机为准，停车信号下严禁制动缓解后再制动）造成列车制动力不足，存在冒出信号机的隐患，并遵守以下规定：

1）初次减压量，不得低于 50 kPa。长大下坡道应适当增加初次减压量。

2）追加减压一般不应超过两次；一次追加减压量，不得超过初次减压量。

3）累计减压量，不应超过最大有效减压量。

4）单阀缓解量，每次不得超过 30 kPa（CCB Ⅱ 型、法维莱制动机除外）。

5）减压时，自阀排风未止不应追加、停车或缓解列车制动。

6）货物列车运行中，自阀减压排风未止，不得缓解机车制动。

7）货物列车速度在 15 km/h 以下时，不应缓解列车制动。重载货物（载重 8 000 t 以上）列车速度在 30 km/h 以下时，不应缓解列车制动。

8）少量减压停车后，应追加减压至 100 kPa 以上。

9）站停超过 20 min 时，开车前应进行列车制动机简略试验。

10）动力制动和空气制动配合使用时，应先缓解空气制动后，再逐步解除动力制动。

（3）施行紧急制动时，应迅速将自阀手柄推向紧急制动位，并立即解除机车牵引力。列车未停稳，严禁移动自阀、单阀手柄（投入动力制动时，单阀除外）。运行中，遇各种原因造成列车紧急制动停车后，再开车前按列车空气制动简略试验要求进行试验，确认列车完整、列车制动主管贯通。

（4）列车运行中或未停稳前，严禁换向操作。

（5）制动机使用细化要求如下：

1）担当行包货物列车时，使用 HXD2B 机车信号接收绿黄灯时，及时采取空气制动，初次减压量以 60 kPa 至 80 kPa 为宜，根据降速情况适当追加，如追加至 120 kPa 以上时，严禁低于 50 km/h 缓解。

2）途中调速时，优先使用电空配合，早减压，少减压，根据情况酌情追加，必须在距离信号机 400 m 前完成调速。纯空气调速或停车前，手比呼唤确认"工况零位"。

3）担当汽车车底和粮食车车底，站内停车时，一律采取电制控速至 10 km/h 左右，再使用空气制动停车。因天气不良等原因无法使用电制时，制动时机提前重车制动时机 100 m 以上，且初减压量不得小于 60 kPa。

4）贯通试验。列车始发站开车或停车后再开，贯通试验必须在四站三区间内完成，开车后尽量避免在第一站间进行贯通，装有列尾装置的列车，进行贯通试验后，再停车，不需要再次进行贯通试验。不具备贯通试验时，进站不得超过 30 km/h。

资料 7：

（1）遇临时限速，应提前确认，控制列车运行，防止超速。

（2）进入限速慢行关系区间前，严格按规定执行车机联控制度，认真与车站核对运行揭示。遇接受临时限速调度命令时，必须核对清楚并做好记录。

（3）接近慢行地段时，应加强瞭望，密切注意地面有关施工标志（通过减速地点标，按标明的速度，未标明时为 25 km/h），认真执行车机联控。及时准确按限速要求调整列车运行速度，在保证不超过限制速度的前提下，保持以低于限制速度 5 km/h 的速度通过慢行限速地段（特殊情况除外），确认列车已全部通过慢行限速地段后，迅速恢复正常运行速度，并及时对该条运行揭示销号（经过一处划掉一处，在"〇"内画"√"，逐个销号）。

（4）遇交付的运行揭示、LKJ 临时数据和列车无线调度电话通知的限速，与地面限速标志的限速值、限速地点不一致时，按导向安全原则及时准确采取减速措施，以最低限速值和最长限速距离控制列车运行，并立即报告列车调度员或车站值班员。

资料 8：

使用 LKJ 组合键，即先按一个键，再按另一个键进行操作时，必须在 5 s 内完成。

1．开车对标

确认车次编号和区段号、车站号、车速等级等参数输入正确后（如果此时调车灯亮，须退出调车状态），"开车"标志灯点亮，在屏幕上显示站名等开车参数；列车启动后，机车经过规定的对标点时，按压"开车"键，LKJ 进入通常工作状态（监控状态），此时显示屏上方数据窗口显示实际速度、限制速度、距离、前方信号机种类、里程等相应的数据，中央显示速度、限速曲线和信号机位置，下方显示线路纵断面数据。

（1）列车启动后在按"开车"键进入通常工作状态之前，装置在降级工作状态，当机车信号为停车信号（含白灯、单红灯）时，速度超过 5 km/h 装置将启动降级报警，注意按压"警惕"键解除。

（2）在降级工作状态下，速度超过 10 km/h 时装置语音提示"注意按开车键"。

区间走停走模式

（3）对标点通常为正线出站（发车进路）信号机平齐处，特殊情况下的对标点由各机务段在担当区段站名站号表中注明。

开车对标时，机车信号如为双黄灯或白灯，装置按该站最低道岔侧向限速控制（如使用特殊站号降级开车对标时，按站号对应的道岔限速控制），列车尾部越过道岔后，按规定限速控制；如为其他进行的信号，按规定限速控制。

2．车位调整

列车运行中，显示屏距离显示区以不断递减的数据显示距下一架信号机的距离，机车越过信号机瞬间显示的距离与机车实际位置的误差称为过机误差。

（1）过机误差的分类。

1）滞后误差：机车已运行到地面信号机位置处，LKJ还未调入下一分区信号机的距离，此种距离误差称为滞后误差。

2）超前误差：机车还未运行到地面信号机位置时，LKJ已经调入下一分区信号机的距离，此种距离误差称为超前误差。

（2）手动修正过机误差的操作方法。

1）车位向前：出现滞后误差时，在信号机处按"车位"键＋"向前"键，装置清除剩余误差后调出下分区监控距离。

2）车位向后：出现超前误差小于300 m时，在信号机处按"车位"＋"向后"键进行校正。由于自动校正键的要求为300 m内，建议超前误差使用"自动校正"键。

3）车位对中：当超前误差或滞后误差距离小于300 m时，在信号机位置，按压"自动校正"键，无论是滞后还是超前误差，装置自动进行校正。

4）车位对中：当滞后误差大于300 m时，在信号机前10 m处（半自动闭塞区段为接码点），按压"车位"键＋"向前"键。

5）车位对中：当超前误差大于 300 m 时，在监控装置调出下一件信号机走行距离小于 300 m 内多次按压"自动校正"键，直在列车运行到信号机前 10 米处（半自动闭塞区段为接码点），再次按压"自动校正"键，数据正确。

①进行人工校正过机误差时，按"车位"键＋"向前"键或"向后"键，两次按键间隔时间不得超过 5 s。

②装置启动停车控制模式后，人工校正距离误差操作无效，当存在滞后误差时，按照地面信号机实际位置停车。

③机车轮径误差、轮对空转、轮对滑行等都可能导致距离误差累积，应注意在机车越过信号机时修正过机误差。

超前误差最大调整距离为 300 m。

3．侧线股道号输入

（1）侧线股道号输入时机及操作方法。根据列车运行径路，需人工输入侧线股道号时，乘务员在侧线前一分区输入相应的侧线号码，即在 LKJ 第一次语音提示"输入侧线股道号"、显示屏自动弹出侧线输入窗口时，通过数字键进行侧线股道号码输入。如不输入，距离进站信号机前 500 m 再次提示，仍不输入，按该站最短的侧线（127 股）距离及最低道岔限速控制。

显示屏状态栏"侧线 127"指示灯点亮时，按压"进路号"键弹出进路号（侧线号或支线号）窗口或自动弹出窗口，通过数字键输入侧线股道号后，按压"确认"键，右侧显示输入的侧线股道号。

机车信号为双黄闪时，不需输入侧线股道号（高速铁路区段除外）。

（2）连续两个分区同时存在多侧线股道数据时的操作。

1）在本分区内，当监控装置显示距前方信号机距离 ≥ 200 m，只能修改本分区侧线股道号。

2）在本分区内，当监控装置显示距前方信号机距离 < 200 m 时：若不输入下一分区侧线股道号，下一分

区株洲所 LKJ 控制模式将按 127 股控制，河南思维 LKJ 控制模式将按上一分区输入的侧线股道号控制（若下一分区无上一分区所输入侧线股道号的按 127 股控制），河南思维 LKJ 控制模式须输入下一分区实际的侧线股道号。

操作要求：在第一分区距前方信号机 < 200 m 需输入或修改第二分区侧线股道号时，必须在进路信号机开放且 LKJ 显示速度不为零的情况下进行。

（3）未输入侧线股道号时的操作。因车机联控等特殊原因造成在侧线前一分区不能确定列车进入的股道时，乘务员须首先按照最低道岔限速、最外方道岔距离控制速度，确认列车实际进入的股道后，再按压"进路号"键正确输入侧线号码，按实际限速进行控制。

1）侧线股道号输入后，若发现输入错误，在进站前、进站后通过按压"进路号"键可调出"侧线号输入"窗口进行股道号修改操作。

2）引导进站解锁后，对于存在多侧线数据的车站，装置提供输入侧线股道号条件。

3）列车在接车兼发车进路信号机（"进出站"类型）前发车，当前方车场有多侧线数据时，在按"开车"键进入通常监控状态之前可输入侧线股道号。

除机车信号为双黄灯时自动弹出"侧线号输入"窗口外，其他信号均需通过按压"进路号"键调出。

4. 支线号输入

支线号输入功能只对货物列车（指设定参数时列车种类为"货车"）有效；当列车种类为客车时 LKJ 不提示支线信息、不提示"输入支线号"语音、不允许司机手动输入支线号。

需转入支线运行时，必须在指定地点输入相应的支线号码；无须输入时不需操作。

列车接近支线分支地点，显示屏工作状态栏"支线00"指示灯亮，显示屏下方显示支线号和支线方向，语音提示"输入支线号"。按"进路号"键，弹出"支线号输入"窗口。利用数字键输入支线号，确认无误后按压"确认"键。此时，显示屏状态栏"支线"亮并显示输入的支线号，若输入的是过渡支线号30～42，显示屏左侧以红底黄字提示"过渡支线"。

1）"支线号输入"窗口不会自动弹出。

2）双黄自动转支线正常情况下不需要人工操作，当LKJ接收到双黄灯或双黄闪灯时自动跳转到支线数据。货物列车，遇该信号机引导接车或不接码需要进入支线时，必须引导解锁后人工输入支线号。

施工改造LKJ数据变化使用的过渡支线号固定为30～42，每次施工使用过渡支线应按电务部门提供的使用方法操作，过渡支线必须在规定有效期限内操作。

5．侧线号、支线号同时输入

在同一个分区，同时存在多侧线和支线数据时，显示屏工作状态栏"支线00""侧线127"指示灯同时点亮。按压"进路号"键后，装置弹出"支线号输入"/"侧线号输入"窗口。两者可一次性输入，也可分别输入。如只需输入其中一项时，用"↑"或"↓"键选择该项，按上述方法输入即可。分别输入支线号（股道号）时，注意防止误改已输入的股道号（支线号）。

6．巡检操作

在操作端→非操作端→操作端分别按压一次"巡检"键。巡检完成，LKJ语音提示"巡检完成"。

当按压"巡检"键有效时，显示器工作状态栏"巡检"指示灯点亮，4 s后自动熄灭。

7. 卸载后的操作

LKJ 实施卸载，语音提示"卸载动作"，此时应将主手柄置零位，列车运行速度下降至允许加载值后撤除卸载指令。

8. 常用制动后的操作

LKJ 实施常用制动后，当语音提示"允许缓解"时，可按压"缓解"键撤除常用制动指令。

9. 紧急制动后的操作

紧急制动后，将自阀手柄置制动区，速度降为零后，紧急制动指令自动撤除；停车 45～60 s，方能进行缓解充风。如紧急和常用制动同时发生，停车后紧急和常用制动自动撤除。

10. 防溜控制功能确认

当防溜控制功能（管压、手柄、相位）启动后，连续语音提示"注意（管压、手柄、相位）防溜"，确认是正常动车后，可按压"警惕"键解除防溜控制；若机车发生溜逸立即采取措施停车；确认是停车未保压或减压量不足 80 kPa，10 s 内可追加减压量至规定值，解除防溜控制。

管压、手柄、相位防溜报警紧急制动后语音提示"（管压、手柄、相位）防溜动作"，需按压"警惕"键解除控制指令，延时 45～60 s 后方能缓解充风。

11. 降级 ZTL 控制操作

在降级工作状态下，机车信号为停车信号，当列车运行速度大于 5 km/h 时，LKJ 实施周期性报警，司机须在 7 s 内按"警惕"键应答，否则，LKJ 输出紧急制动指令。

12. "警惕"操作

在通常工作状态，LKJ 具备进站信号确认功能和周期警惕功能，LKJ 启动警惕功能时，司机可通过按压"警惕"键或"定标"键解除。报警期间通过操纵机车（列车管减压或闸缸压力大于 50 kPa、机车工况零位/非零位状态发生变化、鸣笛等）也可解除警惕控制。

13. 定标操作

在运行中按压"定标"键，LKJ 记录下此刻的里程及时间，作为运行数据处理时的查找标记。

资料 9：
列车运行途中的非正常情况处理办法。

1. 运行中发现折角塞门关闭

（1）防止折角塞门关闭开车。

1）始发站开车准确记录列车管充、排风时间，作为本次列车制动机操作的依据。

2）中间站停车，做到保压待发：列车在缓解状态下关闭折角塞门开车，很可能导致制动失灵的严重后果。因此，列车停车时，须处于制动保压状态。时间不超过 20 min 开车时，列车缓解后应及时启动列车，并准确掌握列车管充风时间。

3）开车后按规定及时进行贯通试验。

（2）列车制动力不足。发现列车制动力不足，初步判断折角塞门关闭时，司机立即采取停车措施，并汇报前方站，请求开通进路。

1）有列尾装置的，立即使用列尾装置停车。

2）无列尾装置时：

①紧急制动可以同步投入动力制动的机车，司机应立即使用紧急制动，并将动力制动投入达到最大值，在确认动力制动发挥作用后，使用单阀缓解制动缸压力至 150 kPa

运行中发现折角
塞门关闭

列车在区间被迫
停车请求救援

以下（设有自动控制装置的机车可不进行单阀缓解操作）。

②紧急制动不能同步投入动力制动的机车，自阀施行最大有效减压量，动力制动良好的机车，保持最大动力制动力。

③动力制动故障时，司机应立即使用紧急制动。

3）机车动力制动力弱时，乘务员适时使用单阀增加制动力停车，使用动力制动停车后，须及时撤除动力制动。

4）有车辆乘务员的列车，司机还须通知车辆乘务员使用车辆紧急制动阀停车。

2．列车在区间被迫停车，可能妨碍临线时

列车在区间被迫停车，可能妨碍临线时的处理原则为按"一报告、二防护、三检查"顺序进行处理。

（1）报告。司机应立即用列车无线调度通信设备将停车原因和停车位置通知邻线上运行的列车和两端站（列车调度员）。

（2）防护。

1）配备列车防护报警装置（LBJ）的列车应首先使用 LBJ 进行防护（图 5.1）。

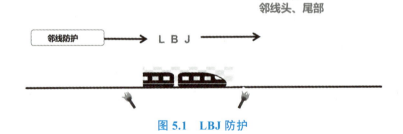

图 5.1　LBJ 防护

2）司机与车辆乘务员立即分别在列车头部和列车尾部附近邻线上点燃火炬；自动闭塞区间还应对邻线来车方向短路轨道电路（短路地点应避开调谐区）（图 5.2）。

图 5.2　短路轨道电路

3）发现邻线有车开来时，急速鸣示连续短声的紧急停车信号，并显示停车手信号。

（3）检查。司机应亲自或指派人员沿邻线一侧（不得侵入邻线限界）对列车进行检查，发现妨碍线时，立即从两方面按线路最大速度等级规定的列车紧急制动距离位置处设置响墩防护，如确知列车开来方向时，仅对来车方面防护，并迅速汇报。

《技规》第 368 条：列车在区间被迫停车后，根据下列规定放置响墩防护：

1）已请求救援时，从救援列车开来方面（不明时，从列车前后两方面），距离列车不小于 300 m 处防护，如图 5.3 所示。

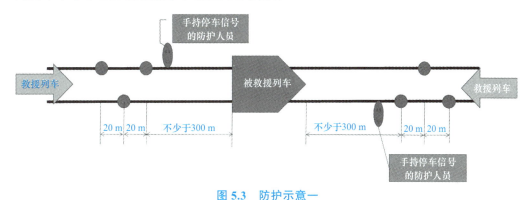

图 5.3　防护示意一

2）一切电话中断后发出的列车（持有附件 3 通知书 1 的列车除外），应于停车后，立即从列车后方按线路最大速度等级规定的列车紧急制动距离位置处防护，如图 5.4 所示。

图 5.4　防护示意二

3）对于邻线上妨碍行车地点，应从两方面按线路最大速度等级规定的列车紧急制动距离位置处防护，如确知列车开来方向时，仅对来车方面防护，如图 5.5 所示。

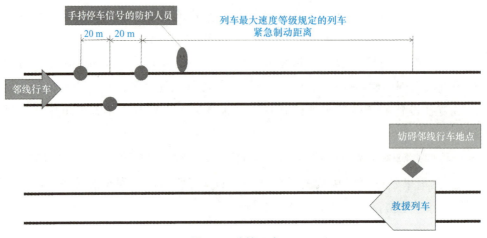

图 5.5　防护示意三

4）列车分部运行，机车进入区间挂取遗留车辆时，应从车列前方距离不小于 300 m 处防护，如图 5.6 所示。

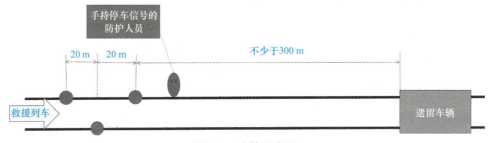

图 5.6　防护示意四

不妨碍邻线时立即撤除防护；防护人员设置的响墩待停车原因消除后可不撤除（运行动车组列车或重载列车的区段除外）。

3．遇线路故障或障碍时

（1）水漫路肩时：有限速要求（含慢行标志）时按要求的速度运行；无限速要求时，以随时能停车的速度（以不超过 20 km/h）运行，发现积水高于轨面时，应立即停车，根据现场具体情况确认行车条件或请求救援，并报告车站值班员（列车调度员），如图 5.7 所示。

（2）遇有落石、倒树等障碍物危及行车时：应立即停车（按照"宁可错停、不可盲行"的原则），及时报告车站值班员（列车调度员），排除障碍并确认安全无误后，继续运行，如图 5.8 所示。

图 5.7 水漫路肩

图 5.8 倒树

（3）遇到线路塌方、道床冲空等危及行车安全的突发情况时：应立即采取应急性安全措施，同时立刻通知追踪列车、邻线列车、邻近车站。配备 LBJ 的列车应首先使用 LBJ 进行防护。

（4）严重晃车时：司机须立即减速慢行或采取停车措施，并将晃车里程记录于司机手册，同时向车站值班员（列车调度员）报告，如图 5.9 所示。

遇线路故障或障碍

图 5.9 严重晃车措施

4．列车运行中突然非常制动停车时

（1）手柄处置：自阀手柄置制动区（位），主手柄回零。

（2）汇报联系：停车后，不得缓解列车制动，单阀全制位。司机立即将停车原因、停车地点通知两端站（列车调度员），可能影响邻线时按规定进行防护、检查。进行后部检查时，应检查至最后一辆，核对尾部车辆车号和尾部标志，确认列车是否脱轨、分离（含软管分离）。与车辆乘务员取得联系，问明是否使用紧急制动阀停车。

列车运行中突然非正常制动停车

(3)判断检查:

1)停车后,单阀制动。首先确认警惕装置是否动作;警惕装置未动作时,关闭机后第一位车辆前位折角塞门进行机车制动机试验(图5.10),判断是否为机车原因;机车制动机试验良好时,单阀保持全制位,开放机后第一位车辆折角塞门,进行列车制动机试验;有车辆乘务员值乘的列车,司机须通知车辆乘务员,按其要求配合处理。

图5.10 关闭机后第一位车辆前位折角塞门

2)机车故障无法处理时,不得缓解列车制动,立即请求救援。

3)未进行制动机简略试验,严禁强迫启动列车。

(4)列车分离的处理:发现列车分离后,司机须立即将列车分离情况汇报两端站(列车调度员),如图5.11所示。

1)有车辆乘务员值乘的列车,司机指派副司机(二位司机)配合车辆乘务员检查、处理。无车辆乘务员值乘的列车,在站内由车站人员与机车乘务员共同检查、处理;在区间由机车乘务员处理,分离车辆不能连挂时须放置铁鞋、拧紧手制动机(电气化区段为人力制动机紧固器)进行防溜。

2)遇下列情况时不准再行连挂分离车辆,必须请求救援。

①车辆连接装置严重破损,不能连挂时。

②分离车辆停留在坡度超过6‰的线路上,向下坡道方向挂车时。

3)分离车辆未采取防溜措施不得连挂,未撤除防溜措施不得启动列车。

4)停车原因消除后,经简略试验后按规定开车。

5)严防遗留车辆。

5.列车在区间内发生冲突或碰撞异物及铁路交通相撞事故时

(1)开车前预想:坚持"宁停勿撞"原则;发现可能妨碍行车安全的迹象时"不等、不靠、不观望、不犹豫",立即果断采取非常停车措施。

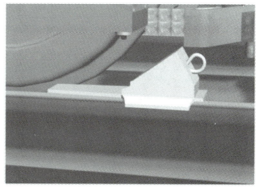

图 5.11 列车分离的处理

（2）途中作业：

1）列车运行中发现异物、听到异响或机车异常振动等影响安全的，要立即停车并汇报车站，司机亲自或指派学习司机下车检查；列车运行中发现异物，不影响安全的，要立即汇报车站。

2）可能危及机车乘务员人身安全时，在采取必要措施后，应紧急避险。

3）停车后，汇报车站（列车调度员）。清除异物、检查线路。确认机车走行部、排障器等是否影响运行。风管故障可关闭第二塞门或以木塞堵塞。无法处理时，立即请求救援。

4）机车排障器不具备排障能力时，应请求救援并按照列车调度员的指示办理。需继续运行时，应以遇到障碍能随时停车的速度（最高不得超过 20 km/h）继续运行至前方站请求救援，禁止盲目常速运行。

（3）停车后汇报：

1）机班姓名、使用机车型号、配属段名、担当车次、列车编组。

2）险情概述：运行速度，发现距离，采取措施、停车位置、停车时间。

被救援列车的处理办法

3）发生或防止的三种结果：逃逸；停车后距行人、车辆的距离；停车后越过距离，人伤情况，急救情况，清道情况，机车走行部破损情况。

4）关系人员的情况：行人性别及穿着、大概年龄等体貌特征。

6．列车在区间被迫停车请求救援时

（1）停车报告。

1）立即通知两端站（列车调度员）及车辆乘务员，汇报列车前后部准确的停车位置（停车位置应根据地面实际位置报告）、列车编组、停车原因及是否分离等，按规定做好防溜、防护。

2）已请求救援的列车不得再行移动。

3）电力机车还应做到：在区间被迫停车时，尽可能避免停在分相无电区和禁停区域，尽量在分相断电标前不少于 800 m 处或过分相后停车。汇报内容除按救援规定执行外，还应报告距前方无电区的距离或是否停在无电区、禁停区域。

（2）防溜防护。

1）了解救援列车开来方向，从救援列车开来方面，不明时，从列车前后两方面距列车不少于 300 m 处设置响墩并手持信号旗（灯）防护。防护人员跟随救援机车到达被救援列车处，协助做好连挂事宜。

2）在电气化区段被迫停车的货物列车，除保持列车制动防溜，还必须使用人力制动机紧固器使列车制动。

（3）设备处置。

1）救援机车挂妥后，被救援列车司机按规定处理制动机、弹停、列尾装置、监控装置 LKJ、CIR 等。

2）配合救援机车司机进行制动机试验，试验正常后，方可撤除各种防溜措施。

（4）附挂运行。

1）记录救援机车型号、司机姓名、所属局、段别。

2）司机与救援机车司机办理运行揭示、IC 卡数据、运行时刻表、列车编组及其他注意事项等交接。必要时换乘司机到救援机车担当线路指导。

3）需要做滚动试验时，联系救援机车司机，按机车在车站、区间进行滚动试验规定执行。

①在站内附挂机车与客车尚未连挂时，应完成滚动试验后方可连挂。已与客车连挂时，本务机车司机向车站值班员申请进行滚动试验，车站确认发车条件完备后，通知司机准许试验；司机确认出站（进路）信号已开放或行车凭证已交付，方可进行滚动试验。滚动试验正常时，通知车站值班员，车站按规定发车。

②在区间时，由本务机车司机向车站值班员（列车调度员）汇报进行滚动试验，确认具备动车条件，方可牵引列车进行滚动试验；滚动试验完毕，本务机车司机须向车站值班员（列车调度员）报告试验情况；滚动试验正常时，按规定开车。车站值班员报告列车调度员。

③站内或区间进行滚动试验后，本务机车司机向车站值班员（列车调度员）报告，并申请列车在前方站停车再次检查确认，车站值班员报告列车调度员，列车调度员安排列车在前方站停车。附挂机车滚动试验正常，并经检查确认无抱闸等异常情况后，前方站换挂本务机车时不再进行滚动试验（附挂机车需进行弹停装置处理时除外）。

④滚动试验运行速度不得超过 5 km/h。

7．救援列车进入封锁区间时

（1）确认命令。以列车调度员的命令作为进入封锁区间的许可。当列车调度电话不通时，应由接到救援请求的车站值班员根据救援请求办理，救援列车以车站值班员的命令，作为进入封锁区间的许可。司机接到调度命令后，应向机班全员传达并与车站值班员核对调度命令（包括救

读书笔记

救援列车 LKJ- 反向进入自闭区间

救援列车 LKJ- 半自闭区间反向返回

救援列车进入封锁区间

救援列车 LKJ-正向进入自闭区间

救援列车 LKJ-自闭区间反向返回

救援列车 LKJ-自闭区间正向返回

读书笔记

援列车车次、返回车次、停车地点等有关事项）正确无误。命令不清、停车位置不明确时，不准动车。在电气化区段担当区间救援作业，司机应切除防撞土挡装置，救援作业完毕，须立即恢复。

（2）进入区间。

1）将救援车次等参数输入 LKJ，正确设置 CIR 装置，机车信号置相应位置。

2）确认发车信号。

3）在自动闭塞区间正方向运行时，应使 LKJ 处于通常工作状态，严格按闭塞分区通过信号机的显示要求行车。在自动闭塞区间遇反方向运行或在半自动（自动站间）闭塞区间运行时，应使 LKJ 处于调车工作状态（按压 LKJ 的"调车"键）。

4）在接近被救援列车或车列 2 km 时，使用列车无线调度通信设备与请求救援的机车司机进行联系，并以在瞭望距离内能够随时停车的速度运行（最高不超过 20 km/h）。

5）在防护人员处或压上响墩后停车，并与防护人员联系，再以调车作业方式连挂列车或车列。

（3）机车连挂。

1）距被救援列车或车列 10 m 前，一度停车，与被救援列车司机联系。

2）以不超过 5 km/h 的速度连挂。

3）检查连挂状态良好进行制动机试验，试闸正常后，方可撤除各种防溜措施。

4）与被救援机车司机办理运行揭示、IC 卡数据、运行时刻表及其他注意事项交接；接受被救援机车换乘司机的线路指导。

5）将列车编组、返回车次等各种运行参数输入 LKJ，机车信号置于相应位置，正确设置 CIR。

（4）区间开车。

1）经司机与有关人员联系，确认具备开车条件后开车。

2）在自动闭塞区间正方向运行时，LKJ输入后方站车站号等参数，认真按照LKJ车位调整的规定进行操作（如列车前方地面信号机为进站信号机时，LKJ可降级运行至前方站），运行中严格按照分区通过信号机的显示要求行车。

3）在自动闭塞区间反方向或自动站间闭塞、半自动闭塞区间运行时，按压LKJ的"调车"键，严格控制速度运行。

（5）返回车站。

1）返回进站时，按进站信号机或引导（手）信号的显示要求执行。图5.12所示为引导信号，图5.13所示为引导手信号。

图 5.12　引导信号　　　　　　　　**图 5.13　引导手信号**

2）自动闭塞区间正方向，进站前如LKJ距离存在误差无法调整时进行降级。侧向进站时按照该站最低道岔限速运行，进站停车后输入相应参数重新对标开车。

3）救援作业完毕，立即恢复防撞土挡装置。

8．列车必须退行时

（1）退行前。在不得已情况下列车必须退行时，司机应报告两端站（列车调度员），并得到列车调度员或后方站（线路所）值班员的准许。

（2）退行时。

1）列车退行时，车辆乘务员（无车辆乘务员时为指派的胜任人员）应站在列车尾部注视运行前方，发现危及行车或人身安全时，应立即使用紧急制动阀（紧急制动装置）或使用列车无线调度通信设备通知司机，使列车停车。

司机听到瞭望人员的停车通知时，应立即采取停车措施。

列车退行

2）LKJ使用"调车"模式，列车退行速度不得超过15 km/h。

3）未得到后方站（线路所）车站值班员准许，不得退行到车站的最外方预告标或预告信号机（双线区间为邻线预告标或特设的预告标）的内方，如图5.14所示。

（3）退行后。自动闭塞区段按自动闭塞法运行的列车，退行一个或多个闭塞分区后，需再向前进方向运行时，仍凭通过信号机的显示运行。

图5.14 预告标

（4）禁止退行的几种情况。

1）按自动闭塞法运行时（列车调度员或后方站车站值班员确认该列车至后方站间无列车，并准许时除外）；

2）在降雾、暴风雨雪及其他不良条件下，难以辨认信号时；

3）一切电话中断后发出的列车（持有附件3通知书1的列车除外）。

9．列车不得已分部运行时

（1）牵引前部车辆运行作业。

1）司机应报告前方站（列车调度员），货物列车由司机指派学习司机（换乘司机）负责做好遗留车辆的防溜和防护工作，解除列尾装置的车号记忆。

2）司机在记明遗留车辆辆数和停留位置后，方可牵引前部车辆运行至前方站。

3）在运行中仍按信号机的显示进行，但在半自动闭塞区间或按电话闭塞法行车时，该列车必须在进站信号机外停车（司机已报告前方站或列车调度员列车为分部运行时除外），将情况通知车站值班员后再进站。

（2）进入区间挂取遗留车辆作业。

1）挂妥遗留车辆后，须进行制动机简略试验；试闸正常后撤除防溜措施。

2）检查人员到齐，具备开车条件后，司机方可牵引遗留车辆按规定运行。

（3）不准分部运行的条件。

1）采取措施后可整列运行时；

2）对遗留车辆未采取防护、防溜措施时；

3）遗留车辆无人看守时；

4）司机与车站值班员及列车调度员均联系不上时；

5）在超过 6‰ 坡度的线路上，不得无动力停留机车、车辆。

10．列车冒进信号时

（1）列车冒进信号机后，不得擅自动车，司机须立即报告车站（线路所）值班员或列车调度员，按车站（线路所）值班员或列车调度员指示办理。

（2）列车冒进进站（接车进路）信号机，车站值班员确认具备接车条件后，使用列车无线调度通信设备通知司机进入站（场）内停车，司机凭车站值班员的通知直接动车。列车无线调度通信设备故障时，车站派人以调车方式将列车领入站（场）内。

（3）列车冒进出站（发车进路）信号机是否需要退回线路内，按车站值班员的指示办理；退回时，无车辆乘务员值乘的列车由车站派人将列车以调车方式领回线路内；如不退回，发车时发给司机规定的凭证（其中：按自动闭塞法行车的凭证为绿色许可证。按自动站间、半自动闭塞法行车，冒进出站信号机时，按超长列车行车凭证办理；冒进发车进路信号机时，为发车进路通知书），按规定发车后直接开往区间或另一车场。

列车冒进

(4)列车冒进线路所通过信号机,列车运行方向正确(半自动闭塞、自动站间闭塞区间已办妥闭塞)时,具备开车条件后,司机凭线路所值班员(列车调度员)准许继续运行的通知直接开车;列车运行方向错误或半自动闭塞、自动站间闭塞区间未办妥闭塞时,须退回到通过信号机外方后重新办理行车手续。

11.列车反方向行车时

(1)停基改电双线反方向行车时。

1)须有调度命令,并持有加盖"反方向行车"章的路票,两线、多线区间使用路票时,应在路票上加盖"××线行车"章,凭发车信号(列车无线调度通信设备的发车通知)开车(图5.15)。

反方向运行

图5.15 路票

2)监控装置按照"路票行车"方式进行操作。

3)进站凭反方向进站信号机或引导(手)信号的显示要求执行。

(2)双线双向(反向大区间)自动闭塞区段,利用反方向闭塞设备办理反方向行车时。

1)须有调度命令。

2)进入区间的凭证为出站、线路所通过信号机显示的允许运行的信号,并确认进路表示器显示正确;未装设进路表示器或进路表示器故障时,发车人员口头通知司机后(包括使用列车无线调度通信设备),可凭出站信号机显示的允许运行的信号发车。

3)进站凭反方向进站信号机或引导(手)信号的显示要求执行。

12．停止基本闭塞法改电话闭塞正方向行车时

（1）有计划停基改电。

1）持有调度命令和路票。

2）将命令号和路票电话记录号输入 LKJ，按"路票行车"方式进行操作 LKJ。

LKJ 有计划电话闭塞法行车

3）凭发车信号（列车无线调度通信设备的发车通知）开车。

4）进站前确认 LKJ 距离误差无法调整时降级进站，出站重新对标。

（2）无计划停基改电。

1）列车站内停车。

2）持有调度命令和路票。

3）按压"↑"键 2 s 调出路票窗口。

4）输入调度命令及路票号码。

5）确认发车信号后按压"解锁"键 + "确认"键解锁。

LK 临时改用电话闭塞

6）凭发车信号（列车无线调度通信设备的发车通知）开车。

7）进站前确认 LKJ 距离误差无法调整时降级进站，出站重新对标。

13．使用特定行车办法时（只适用正线办理通过或停车后再开的列车，双线区段反方向运行的列车除外）

（1）进站作业。

1）接车端信号联锁设备良好时，凭开放的进站（接车进路）信号进站。

2）引导接车并正线通过时，列车凭特定引导手信号的显示进站（图 5.16），控速不超过 60 km/h。按压 LKJ"开车"键 + "解锁"键进站。

图 5.16　特定引导手信号

LKJ 固定信号引导接车

3）使用引导手信号引导进站时，确认引导进站手信号，解除特定引导揭示；控速 20 km/h 以下，确认引导手信号显示正确后，按压 LKJ"解锁"键（图 5.17）。

图 5.17　引导手信号

（2）出站作业。

1）司机复诵车站通知的调度命令及行车凭证号码后，将调度命令号码、路票电话记录号码（绿色许可证编号）输入 LKJ。凭通过手信号通过车站或凭发车信号由车站开车，如图 5.18 所示。

图 5.18　通过手信号

2）如发车端信号联锁设备良好且区间闭塞设备正常时，凭开放的出站（发车进路）信号机显示运行，如图 5.19 所示。

图 5.19　发车手信号

3）遇列车无线调度通信设备临时故障或列车司机没有确认好传达或预告的内容时，应停车交付凭证。双线区段反方向运行的列车，按照相关路局的办法执行。

14．双风管供风设备故障时

（1）仪表确认。

1）运行中应注意确认列车总风管压力的显示，发现异常情况时应及时通知车辆乘务员，按其要求运行或维持到前方站停车处理，并报告列车调度员或车站值班员。

双风管供风设备故障

2）因列车总风管压力泄漏不能维持运行，司机应立即停车，关闭机车后部车辆折角塞门判断机车或车辆原因，属车辆原因应立即通知车辆乘务员处理。

（2）双管改单管。

1）双管供风旅客列车运行途中发生双管供风设备故障或用单管供风机车救援接续牵引，需改为单管供风时，双管改单管作业应在站内进行。

2）旅客列车在区间发生故障需双管改单管供风时，由车辆乘务员通知司机向列车调度员（车站值班员）提出在前方站停车处理的请求，并通知司机以不超过 120 km/h 速度运行至前方站。列车调度员发布双管改单管供风的调度命令，车辆乘务员根据调度命令在站内将客车风管路改为单管供风状态。

(3) 区间运行。

1) 旅客列车改为单管供风跨局运行时，由铁路总公司发布调度命令通知有关铁路局集团公司，按单管供风办理，直至终到站。

2) 运行途中遇车辆空气弹簧故障时，运行速度不超过 120 km/h。

15. 运行中遇几种特殊情况时

（1）司机突发疾病：司机在运行途中突发难以抵抗的身体急症，要立即报告车站值班员（列车调度员），不能维持驾驶操纵的须立即采取停车措施。

（2）运行途中，遇机车信号、列车运行监控装置发生故障时，司机应立即停车并报告车站值班员（列车调度员），严格按地面信号机的显示要求，操纵列车以规定的速度运行至前方站停车处理或请求更换机车（在自动闭塞区间，列车运行速度不超过 20 km/h）；遇列车无线调度通信设备发生故障时，司机应在前方站停车报告。

（3）列车运行途中，遇列尾装置发生故障时，司机应立即报告车站值班员（列车调度员），并根据实际情况掌握速度运行；遇列尾装置主机发出电池欠压报警、通信中断等异常情况时，司机应及时通知就近车站值班员（列车调度员），旅客列车应同时通知车辆乘务员。

（4）列车夜间运行，司机发现或得到列车头部标志不完整的信息时，应及时报告车站值班员（列车调度员）。机车头灯、标志灯之一不能使用时，可继续运行；机车头灯、标志灯均不能使用时，应适当降速并维持运行到前方站停车处理，修理不好时不得继续运行。

16. 发现防护拦截或接到险情通知及收到无线防护报警信息时

（1）发现防护拦截或接到险情通知时。

1）运行中听到停车呼叫、道口预警、轧上响墩、发现火炬、拦截信号，立即停车，保压防溜。

2）了解原因，汇报就近车站值班员（列车调度员）。

3）遇响墩爆炸声及火炬信号的火光（图 5.20、图 5.21），应紧急停车。停车后如无防护人员，机车乘务人员应立即检查前方线路，如无异状，列车以在瞭望距离内能随时停车的速度继续运行，但最高不得超过 20 km/h。在自动闭塞区间，运行至前方第一架通过（进站）信号机前，如无异状，即可按该信号机显示的要求执行；在半自动或自动站间闭塞区间，经过 1 km 后，如无异状，可恢复正常速度运行。

图 5.20　响墩

图 5.21　火炬信号

4）其他情况停车后，确认具备开车条件后，按规定开车。

(2) 收到无线防护报警信息时。

1) 运行中收到无线防护报警信息时，司机应认真查看 CIR 操作显示终端上显示的报警信息，按"确认"键确认收到信息，关断报警语音提示。

2) 报警线路和地点与本列车运行线路有关、可能影响本列车运行安全时，司机应采取降速运行或紧急停车等必要的安全的措施，并及时向列车调度员（车站值班员）报告情况。

3) 报警线路和地点与本列车运行线路无关时，列车可按正常速度运行。遇报警信息内容不完整或有疑问时，应及时联系本线列车调度员（车站值班员）确认，情况不明时，可直接采取降速运行等安全措施。

4) 采取降速运行措施时，列车应以遇到阻碍能随时停车的速度运行，最高不超过 20 km/h。

17．运行中机车故障时

运行中机车发生故障时处理原则：能停站内，不停区间。

（1）发生不能加载或停机故障时，司机立即报告前方站（列车调度员），要求进站处理故障，不准跨区间惰力运行。进站后，根据情况一次停妥。

（2）停车处理故障，10 min 内不能恢复运行时，必须请求救援。

（3）发生动轮崩箍、弛缓外移、轴承塌架、齿轮卡死等故障时，禁止冒险运行。

（4）轴温报警装置显示温度、温升超过规定，按使用要求处理。

（5）重联（附挂）机车乘务员发现故障，须立即通知本务机车司机。

18．发生火情时

（1）列车火灾。

1）列车发生火灾、爆炸时，须立即停车（停车地点应尽量避开特大桥梁、长大隧道等，选择便于旅客疏散的地点），车站不再向区间放行列车，并通知邻线及后续相关列车停车。电气化区段，现场需停电时，应立即通知供电部门停电，如图5.22、图5.23 所示。

2）列车需要分隔甩车时，应根据风向及货物性质等情况而定。一般为先甩下列车后部的未着火车辆，再甩下着火车辆，然后将机后未着火车辆拉至安全地段。

3）对甩下的车辆，在车站由车站人员负责采取防溜措施；在区间由司机、车辆乘务员负责采取防溜措施（图5.24）。

图 5.22　列车火灾

图 5.23　停车地点应尽量避开特大桥梁、长大隧道

图 5.24　车站人员防溜

（2）机车火情。司机发现异常或机车烟雾报警装置报警后，及时检查处理。机车发生火情时应采取以下措施：

1）立即停车。手柄回"零"，断主断、降弓或停机，拉下蓄电池闸刀。内走廊式机车未停稳，不得开启侧门侧窗。停车后，立即报告就近车站（列车调度员）。

2）判明火情处所。电气部分火情，使用二氧化碳或水系灭火器；其他部位使用水系或干粉灭火器。必要时，请求车站派员支援或请求车站向当地消防部门报警。灭火器使用方法如图 5.25 所示。

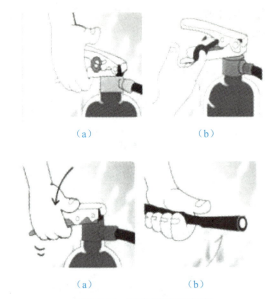

图 5.25 灭火器使用方法

(a) 提起灭火器；(b) 拔下保险销；(c) 用力压下手柄；(d) 对准火源根部扫射

机车发生火情

19．接触网停电时

（1）断电停车：迅速断开主断路器，立即采取停车措施并降弓。

（2）报告防溜：报告车站值班员（列车调度员），说明停车原因和停车位置，了解停电原因并做好防溜。

（3）检查：停车后目视检查弓网状态，发现弓网故障时按规定处理。

（4）处理：

1）接到列车需临时降弓运行的调度命令时，司机按调度命令的要求执行。

2）司机得到车站值班员（列车调度员）准许升弓的通知后，按其指示办理。开车前按规定进行列车制动机试验，撤除防溜，按规定开车。

20. 发生弓网故障时的应急处理

（1）停车防溜。列车运行中，司机发现接触网网压异常、自动降弓，须立即断开主断路器并停车（网压异常还应降弓）。报告车站值班员（列车调度员）停车地点千米标、停车原因和故障地点千米标，停车后按规定组织做好列车防溜、防护。

（2）检查确认。

1）停车后，司机应对受电弓和停车地点可见范围内接触网进行检查，若受电弓、接触网外观无明显异常，立即报告车站值班员（列车调度员），可换弓继续运行（雾霾天气执行有关规定）。

2）列车不能继续运行时，司机立即报告车站值班员（列车调度员）请求救援。

（3）处理。需登顶作业时，司机向车站值班员（列车调度员）提出申请；登顶前，必须由供电段办理停电、验电、装设可靠的接地线，并在接到接触网已停电准许登顶作业的调度命令后，司机亲自验电、挂好随车接地线，方准登顶作业。作业完，司机须立即报告车站值班员（列车调度员）。

1）全员核对、记录命令号码、起始时间、终止时间、停电区间、上下行线别及安全注意事项。

2）升弓试验（升弓后确认弓是否与接触网接触，确认网压表是否为零），确认接触网已停电。

3）挂接地线：先接钢轨，再挂杆。

4）命令指定的时间延后 5 min 方可登顶作业，在规定时间处理不完时，必须离开车顶，重新办理停电手续；需追加作业时分时，在原规定时间前，提前 5 min 终止作业，申请追加作业时间的命令；未得到允许时，应及时撤离车顶，并撤除接地线。

5）处理完毕后，收回工具、配件，清除车顶杂物，检

读书笔记

查有关人员均处于安全地点。

6）撤除接地线：先撤杆，再撤除接地线。

7）汇报调度员，请求送电，并记录送电命令号码。

（4）继续运行条件。运行途中应注意故障受电弓、接触网状态和机车网压表的显示变化，发现异状，立即采取果断措施，防止弓网事故。

21．自动闭塞区段单机紧急制动停车时

（1）报告防护：单机（包括双机、专列回送的机车，下同）在自动闭塞区间紧急制动停车后或被迫停在调谐区内时，司机须立即通知后续列车司机、向两端站（列车调度员）报告停车位置（具备移动条件时司机须先将机车移动不少于15 m），并在轨道电路调谐区外使用短路铜线短接轨道电路，如图 5.26 所示。

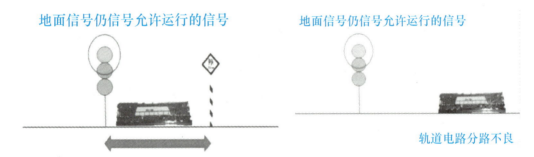

图 5.26　单机停车位置

（2）后续列车司机接到前行单机、自轮运转特种设备在自动闭塞区间紧急制动停车或被迫停在调谐区内的通知后，应注意运行。

（3）开车前作业：停车的单机具备开车条件后，机车乘务员撤除短路铜线，按规定开车，并向车站值班员（列车调度员）汇报。

（4）不能运行时：司机确认单机不能继续运行时，应迅速请求救援，并按规定做好防护。

22．电力机车被迫停在接触网电分相无电区或"电力机车禁停标"区域时

（1）停在电分相无电区时。

1）立即降弓，就地制动，查明列车前方接触网无电区长度，汇报车站值班员（列车调度员）。

2）换弓不能继续运行时，立即请求救援。

3）根据调度员向中性区送电的来电指示，确认机车感应网压正常后，重新升弓取电。

（2）停在"电力机车禁停"区域时。停车后立即降弓，制动保压防溜，汇报车站值班员（列车调度员），请求救援，如图 5.27 所示。

图 5.27　电力机车禁停区

23．电力机车牵引的列车遇有长时间停电时

电力机车牵引的列车遇有长时间停电，停车后自阀应追加减压至最大有效减压量并禁止盲目缓解；总风缸压力不能保持 700 kPa 时，在站内由机车乘务员通知车站，并与车站共同做好列车防溜（列车前部由机车乘务员负责防溜，列车尾部由车站负责防溜），在区间由机车乘务员、车辆乘务员负责做好列车防溜。

24．遇货物列车制动主管发生故障时

（1）当该故障车在列车尾部 10 辆及其以内时：可关闭故障车前位折角塞门，司机应掌握安全速度，运行至前方站处理；

（2）当制动主管故障的车辆在列车尾部 10 辆以前，或虽在尾部 10 辆以内，但在故障车后部挂有装载爆炸品、气体类危险货物、超限货物的车辆时：应分部运行，并将故障车辆随第一次牵出时挂出。

25．列车中编挂关门车时

货物列车中因装载的货物规定需停止制动作用的车辆，自动制动机临时发生故障的车辆，准许关闭截断塞门（简称关门车），但列检作业场所在站编组始发的列车中，不得有制动故障关门车。编入列车的关门车数不超过现车总辆数的 6%（尾数不足一辆按四舍五入计算）时，可不计算每百吨列车质量的换算闸瓦压力，不填

发制动效能证明书；超过 6% 时，按《铁路技术管理规程》中第 261 条规定计算闸瓦压力，并填发制动效能证明书交与司机。

关门车不得挂于机车后部三辆车之内；在列车中连续连挂不得超过两辆；列车最后一辆不得为关门车；列车最后第二、三辆不得连续关门。对于不适合连挂在列车中部但走行部良好的车辆，经列车调度员准许，可挂于列车尾部，以一辆为限，如该车辆的自动制动机不起作用时，须由车辆人员采取安全措施，保证不致脱钩。

旅客列车、特快货物班列不准编挂关门车。在运行途中（包括在站折返）如遇自动制动机临时故障，在停车时间内不能修复时，准许关闭一辆，但列车最后一辆不得为关门车，120 km/h 速度等级及编组小于 8 辆的 140 km/h、160 km/h 速度等级列车按规定关门时需限速运行，车辆乘务员须向司机递交限速证明书。

编有货车的军用列车、路用列车编挂关门车时，除有特殊规定外，执行货物列车的规定。图 5.28 所示为关门车的操作。

图 5.28　关门车的操作

资料 10：

1．受电弓故障

以 HXD3 机车故障为例进行说明处理故障的方法。

（1）检查升弓气路风压是否高于 600 kPa。如低于此值应手动按压气阀柜上的辅压机按钮 SB95，使用辅助压缩机泵风，当风压达到 735 kPa 时，停止手动打风，如图 5.29 所示。

（2）通过电度表确认车顶绝缘良好后，换弓升弓试验。

（3）检查升弓气路 U77 打至顺开位。

受电弓故障

（4）检查升弓塞门 U98，应置于顺开位。

（5）检查控制电器柜上的各种电器开关位置，应置于正常位置。如有跳开现象，检查确认后，重新闭合开关。检查受电弓隔离开关 SA96 应在"正常"位，如图 5.30 所示。

图 5.29　辅助压缩机按钮

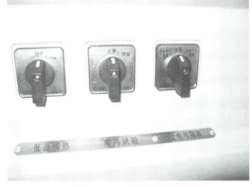
图 5.30　受电弓隔离开关

（6）若故障在乘务员接乘时出现，检查管路柜内蓝色钥匙 U99，应处于竖直位，即开放状态，如图 5.31 所示。

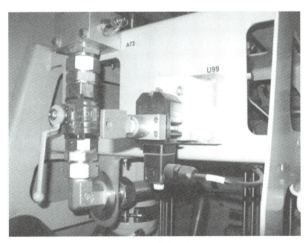
图 5.31　蓝色钥匙 U99

（7）若机车运行中自动降弓，停车确认受电弓损坏程度，记录刮弓的地点。通过低压电器柜上的受电弓隔离开关 SA96，控制隔离开关 QS1 或 QS2，隔离损坏的受电弓。通过电能表确认车顶绝缘良好后，可以换弓继续运行。

注意：若刮弓导致受电弓破损严重，需要登车顶作业，请求停电，参照执行机安函〔2006〕135 号文件内容，做好必要的安全防护。

主断路器故障

2. 主断故障

（1）机车途中"主断"合不上时处理方法。

1）检查司机控制器手柄处于"零"位。

2）检查Ⅰ、Ⅱ室操纵台上的紧急按钮应在弹起位（紧急按钮采用旋转复位按钮）。

3）Ⅰ、Ⅱ室"过分相"按钮在正常弹起位，若自动过分相装置故障，可将装置（在微机柜下方）关闭。

4）受电弓能升起，观察微机屏是否提示"主断气路压力低"，若有"主断气路压力低"显示时，使用辅助空压机打风。

5）检查、确认主断气路塞门 U43.14（在制动柜控制风缸压力表右上方）在开放位（垂直状态）。

6）确认 TCMS 屏有无故障显示或排除显示的故障后，新配属机车或已改造机车断主断、降弓，按压"微机复位"按钮（保持 1～3 s）进行 TCMS 微机系统复位，TCMS 系统重启后，重新进行升弓合主断操作，恢复牵引。

7）若安全保护装置动作，则应排除故障后再合主断。

注意：新配属机车在断主断状态，"微机复位"按钮实现 TCMS 系统断电复位；在合主断状态，"微机复位"按钮仅实现 CI 复位。原配属机车"微机复位"按钮仅实现 CI 复位。

（2）机车途中"主断"断不开时处理办法。

1）主手柄回"零位"，使用半自动过分相按钮无效时，手动断、合几次"主断"扳键开关。

2）仍无效时，可断开"受电弓"扳键开关，实施降弓。

3）再不行将制动单元上的蓝色钥匙 U99 转动 90°置于关闭位，实施紧急降弓。

4）若过分相后重新升弓，断、合"主断"正常则维持运行。

3. 提手柄无牵引力

（1）确认各风机启动完毕（换向后，风机启动）。

（2）确认停车制动在缓解位，制动缸压力小于 150 kPa 时操纵台停车制动红色指示灯应熄灭。

（3）确认制动系统 CCB Ⅱ 显示屏不显示动力切除状态。

（4）监控未发出卸载信号。

（5）通过 TCMS 查看机车部件的状态，发现异常，到低压电器柜检查对应的自动开关是否处于闭合位。

（6）主手柄回"0"位后，通过按动操纵台上的故障复位按钮 SB61（SB62），对微机系统进行复位。

（7）维持进站停车后，断开蓄电池电源开关等待 30 s 后再重新闭合，进行大复位。

4．变流器故障

（1）机车主变流器 CI 故障处理办法。

1）"主变流器"故障显示灯亮，微机显示主接地、牵引电富力城机过流、二次过电流、二次过负荷、电源下降、接触器黏着、整流过电压、整流故障、逆变故障等信息，可能伴随机车跳主断。

2）发生 CI 故障机车跳主断，查看微机屏故障记录，切除相应故障 CI，重新闭合主断维持运行。

3）发生单个 CI 故障，按微机屏下方提示条"机车途中发生单个 CI 故障直接切除，不复位"操作，维持运行。

4）发生 2 个 CI 故障，原则上切除不再恢复维持运行，乘务员可视牵引情况回手柄置零位复位处理，维持运行。进行 CI 复位

5）按压操纵台微机屏前方"微机复位"按钮复位。

当故障严重时，在司机室有可能听到机械间里有很大的"放炮"声音，并可能有冒烟现象，司机室微机屏显示相应的主变流器故障。断开主断路器状态，"微机复位"按钮实现 TCMS 系统断电复位；在合主断状态，"微机复位"按钮仅实现 CI 复位。原配属机车"微机复位"按钮仅实现 CI 复位。

机车无牵引力

主变流器故障

（2）主变流器隔离方法。

1）主手柄回"0"位，进入首页（牵引/制动画面），如图 5.32 所示。

2）触摸蓝色"开放"键后进入（开放界面），如图 5.33 所示。

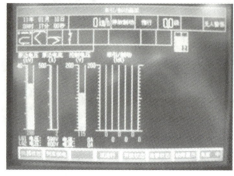

图 5.32　牵引/制动画面　　　　　　　　图 5.33　开放界面

3）以切除第三电动机 CI3 为例，触摸黑色"CI3"键，"CI3"键变蓝色，表示已选定，如图 5.34 所示。

4）触摸蓝色"开放"键，"CI3"键上部的绿色"正常"标识变为红色"开放"，此时第三电动机切除完毕，如图 5.35 所示。

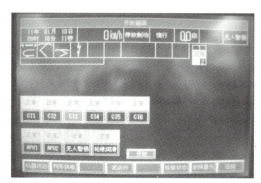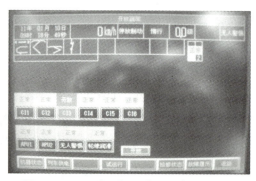

图 5.34　"CI3"键变蓝色　　　　　　图 5.35　"正常"标识变为红色"开放"

（3）辅助变流器故障。

1）通过故障履历确认故障仅为某 APU 相应一系列故障，主手柄回"0"位，切除故障 APU 后，重新闭合主断，确认 KM20 闭合，维持运行。

当切除某组 APU 后，状态屏"辅变流"灯亮，牵引通风机将全速运转，且仅有一台空压机工作，应时刻注意总风缸压力。

2）状态显示屏"辅接地"灯亮时，断、合 QA47 脱扣，闭合主断，若故障消除，维持运行；若故障未消除，按图 5.36 所示的方法处置。

辅助变流器故障

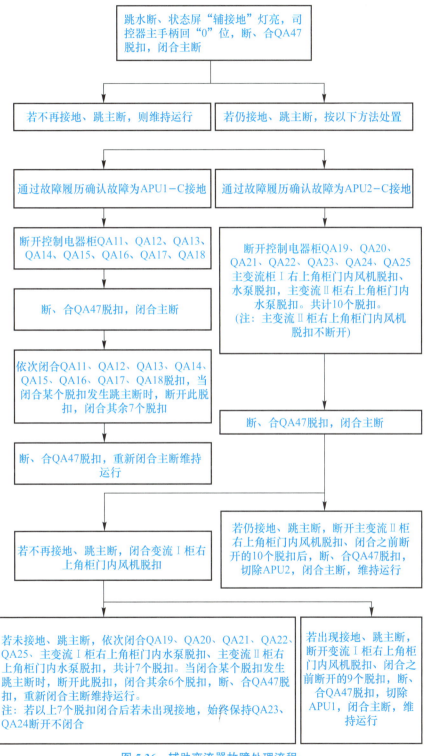

图 5.36 辅助变流器故障处理流程

油泵故障

控制回路接地故障

牵引风机故障

5. 油泵故障

（1）通过故障履历确认为某一油泵故障，断、合故障油泵的脱扣 QA21 或 QA22，如能恢复继续运行。

（2）若故障仍存在，车载微机会自动将对应的三组 CI 隔离，即切除一个转向架的动力。根据机车牵引情况，维持运用。

6. 控制回路接地故障

（1）状态显示屏"控制接地"灯亮，检查控制电器柜的各脱扣开关状态，闭合断开的脱扣，且控制回路接地脱扣 QA59 保持断开，维持运行。

若微机控制脱扣 QA41、QA42 中某一脱扣跳开，维持运行不闭合。

（2）状态显示屏"控制接地"灯亮，检查控制电器柜的各脱扣开关状态，若仅控制回路接地脱扣 QA59 跳开，维持运行。

（3）若机车出现跳主断、降弓、惩罚制动，闭合跳开的机车控制脱扣 QA45，且控制回路接地脱扣 QA59 保持断开，维持运行；若仅 QA45 跳开，甩除两个干燥塔控制盒所有插头，尝试闭合 QA45，维持运行；若仍无效，尝试分别切除 APU1 或 APU2，若故障消除，维持运行。

7. 风机故障

（1）牵引通风机故障。

1）通过微机屏确认为某一牵引风机故障或通风不良时，切除该通风机对应 CI，维持运行。

2）通过微机屏确认为多个牵引风机通风不良时，切除 APU1，维持运行。

3）当牵引风机有异音、振动或焦糊味时，断开相应牵引通风机脱扣，切除该通风机对应 CI，维持运行。

（2）复合冷却塔风机故障处理。

1）通过微机屏确认为某一复合冷却塔风机故障时，闭合相应的风机脱扣（QA17 或 QA18），维持运行。闭合脱扣时，应先将其扳杆下拉至最底后，上推闭合。

2）当复合冷却塔风机有明显异声、振动或焦煳味时，断开相应通风机脱扣，维持运行。

8．PSU 故障

通过微机屏确认 PSU 工作状态，若 PSU1 显示红色，则将 PSU 柜上转换开关扳至"单元 2"位；若 PSU2 显示红色，则将转换开关扳至"单元 1"位；若无转换开关，断合充电装置脱扣 QA106。

9．无人警惕装置故障

（1）一旦无人警惕装置误动作，在 TCMS 屏按压"检修状态"后，输入密码"000"，在 DI2 内查看 521 ＃、531 ＃或 621 ＃、631 ＃信号，按压"警惕"按钮或脚踏"警惕"开关后，会有反馈信号（按压时间大于 1 s，小于 10 s、信号开关显示变绿），随着开关释放后，绿色消失，则可以继续运行。

（2）若没有反馈或反馈信号始终显示绿色，则在 TCMS 屏上可切除"无人警惕"装置，维持运行，回段报修。

10．制动显示屏 LCDM 花屏、黑屏、显示异常

（1）确认制动显示屏 LCDM 左上角电源指示灯亮。

（2）制动屏故障后未引起列车管减压、惩罚制动，维持运用，通过运监器屏及机械表观察风压状态，有机会停车时断开 QA55 脱扣，60 s 后合上，无效时继续维持运行回段报修。

（3）制动显示屏 LCDM 黑屏，同时列车管减压、惩罚制动，停车前将自阀手柄放置抑制位，待"惩罚制动"字

冷却塔风机故障

产生惩罚制动

制动屏乱显示

制动机 085 故障

显示屏不显示不启动

弹停装置故障

空压机启动安全阀起爆

主变压器油温过高

体消除后，尝试恢复后维持运行。如未能缓解，停车后断开 QA55 脱扣，60 s 后合上，故障消除继续运行。

（4）若处理无效，断开"蓄电池"自动开关，保持 60 s 以上再闭合。

11．制动系统故障产生的惩罚制动，制动显示屏显示惩罚制动、显示器识别错误、085、075、090 等信息

（1）及时将自阀手柄放置抑制位，待"惩罚制动"字体消除后，尝试恢复后维持运行。

（2）无法恢复导致停车后检查制动柜各模块、EBV 下部各插头紧固良好；检查低压电器控制柜上，各脱扣开关无跳开。

（3）轻拍 IPM 并断开电器控制柜 QA55 脱扣 60 s 以上，再重新闭合。

（4）仍然无法恢复，断开蓄电池总电源 QA61 脱扣，60 s 后再重新闭合。

12．自阀贯通试验或调速，自阀手柄离开运转位再回到运转位时，出现不缓解现象，制动屏事件记录有 077 故障代码

（1）做好故障预想。机车运行途中，使用 EBV 自阀手柄前，机车乘务员要预想"EBV 手柄回运转位不缓解"的应急处理要求。一旦发生不缓解问题，能做到快速处理。

（2）发现机车自阀拉回运转位不缓解故障时，首先左右晃动自阀手柄，其次是拍打自阀手柄，如若故障还不消除应将自阀手柄回"制动区"再快速拉回"运转位"进行应急处理。直到故障恢复，通过振动，促使限位开关复位。

13．机车自阀在运转位时列车管自动减压，最常见自动减压 50 kPa 左右

（1）等待 3 s 左右，检查列车管管压是否自动恢复。

项目 5　列车运行作业

（2）如不能自动恢复，将自阀手柄回制动区再快速拉回运转位。

（3）处理无效导致停车后，断开电器控制柜 QA55 脱扣 60 s 以上，再重新闭合。

（4）仍然无法恢复，断开蓄电池总电源 QA61 脱扣，60 s 后再重新闭合。

14．制动风管路排风不止

（1）空气干燥器下部排污管（车下）排风不止。

1）将操纵台空压机扳键开关打到强泵位，将总风压力打到 950 kPa 左右后停止强泵，故障现象消失则维持运用。

2）若强泵处理无效，将故障干燥器端对应的空压机切除（脱扣开关"QA19"对应靠近Ⅰ端司机室空压机，"QA20"对应靠近Ⅱ端司机室空压机），单风泵维持运行。

（2）机械间 950 kPa 或 1 100 kPa 总风安全阀排风不止，空压机打风慢。

1）加装截断塞门的安全阀排风不止时，关闭相应截断塞门，维持运用回段报修。

2）未加装截断塞门的安全阀排风不止时，拍击震动安全阀；将操纵台空压机扳键开关打到强泵位，总风压力打到 950 kPa 左右后停止强泵，故障现象消失则维持运用。

3）若强泵处理无效，断合故障安全阀端对应的空压机脱扣（脱扣开关"QA19"对应靠近Ⅰ端司机室空压机，"QA20"对应靠近Ⅱ端司机室空压机）。

4）将故障安全阀端对应的空压机切除（脱扣开关"QA19"对应靠近Ⅰ端司机室空压机，"QA20"对应靠近Ⅱ端司机室空压机），单风泵维持运行。

15．列车管不保压

（1）条件允许的情况下及时联系段 110、段调度换车。

（2）关闭机后第一位车辆折角塞门，保压试验，关

读书笔记

充电电源故障

原边过流故障

电气故障不能复位

干燥器排风不止

闭折角塞门时注意检查折角塞门及连接器胶圈是否漏风，若保压良好，则机车正常。

（3）关闭机后机车折角塞门，保压试验，若保压良好，则重点检查折角塞门及连接器胶圈是否漏风。

（4）若仍不保压，且换车条件不允许，检查常见故障点，如车长阀、制动柜模块、KM-2 等，经过处理后，多次保压试验，泄漏量在允许范围内维持运用。

16．制动机传送异常

带有网关的机车（如 HXD30791-0893）途中微机显示屏报"制动机故障"、微机显示屏故障履历记录"364 制动机传送异常"且制动屏未报故障、未产生惩罚制动时，严禁换端试验及断电复位（制动机、蓄电池脱扣都不可断），该故障途中不影响运用，但要及时联系段110指导台，机车维持运行到终到站后进行处理。

【任务实施】

序号	实施步骤及质量标准	成果展示	完成时间
1	阅读资料1，熟悉列车安全运行总体要求	口述，笔记	随堂
2	阅读资料2，掌握列车运行中瞭望确认要求及呼唤时机	口述，笔记	随堂
3	阅读资料3，掌握如何正确输入支线号、侧线股道号	口述，笔记	随堂
4	阅读资料4，熟悉贯通试验有关要求	口述，笔记	随堂
5	阅读资料5，掌握电力机车过电分相基本要求	口述，笔记	随堂
6	阅读资料6，熟悉制动机规范使用有关要求	口述，笔记	随堂
7	阅读资料7，熟悉施工慢行地段限速控制有关要求	口述，笔记	随堂
8	阅读资料8，熟悉列车运行中的常规LKJ操作	口述，笔记	随堂
9	阅读资料9，熟悉掌握列车运行途中非正常处理办法	口述，笔记	随堂
10	阅读资料10，熟悉掌握运行途中机车故障处理办法	口述，笔记	随堂

【任务评价】

序号	鉴定评分点	是/否	随堂记录 （根据个人学习情况做好重点记录，确保对症下药精益求精）
1	你是否了解列车运行总体要求		
2	能否说出输入支线号、侧线股道号时机及要求		
3	能否说出列车贯通试验目的		
4	能否说出电力机车过电分相安全要求		
5	能否说出制动机使用具体要求		
6	能否说出施工慢行地段限速控制有关要求		
7	掌握列车运行中的常规LKJ操作		
8	掌握列车运行途中非正常处理办法		
9	掌握运行途中机车故障处理办法		

【知识/技能储备】

1．机班在列车运行途中，其执行的十六字呼唤应答内容是什么？

2．机班在列车运行途中操纵时应该注意哪些？

3．在列车运行中，当列尾装置主机发出电池欠压报警、通信中断等异常情况时应怎样处理？

【企业案例】

案例一：

1. 事故概况

2015年5月12日7时29分，某局某段，担当单线半自动闭塞某次旅客列车牵引任务，出站后，因机车乘务员错输监控数据，导致被迫停车，经处理后7时45分恢复行车，造成运缓16分钟，构成铁路交通一般D15类事故。

2. 事故教训

（1）司机在站接班后，错误输入上行车次对标开车，因LKJ调用上行数据，出站后被迫使用常用制动停车。

（2）要严格按照参数提示卡输入相关要求，正确输入交路号、车站号、车次种类、车次编号、列车种类、本补、客货车、车速等级及列车编组相关参数，确保列车在降级状态下对标开车。

案例二：

1. 事故概况

2017年6月24日，兰青线某次货运列车运行至某站间，因司机和学习司机打盹睡觉，机车带电过分相，烧断接触网承力索，构成铁路交通一般C14类事故（图5.37）。

项目 5　列车运行作业

图 5.37　事故案例图

2．事故教训

（1）机车乘务员工作安全责任意识缺失。因机车乘务员精力不集中造成带电过分相事故，暴露出了部分机车乘务员安全责任意识不强、两纪松弛、操纵水平不高等问题，要进一步完善电力机车安全操纵措施，严格进行教育培训，保证乘务员安全平稳操纵机车。

（2）带载过分相，未断 VCB。列车运行至电分相前，机车乘务员应确认主手柄置于零位，机车主断路器断开。但是机车乘务员未认真执行作业标准，未确认主手柄置于零位，也未确认机车主断路器断开，造成电力机车在带载的情况下过电分相，造成电力机车烧网事故的发生。

案例三：

1．事故概况

2018 年 9 月 10 日，某运用车间机班使用 DF4B-3999 号机车，牵引某次货物列车以时速 46 km/h 的速度进入 K45+600 m～K50+600 m 慢行地段时，两人明显感到机车有两下震动（线路 K45+600 m 夹板处断），并伴有声响，值乘司机既没有停车检查也没有向车站报告。到达终到站后没有发现机车故障（图 5.38）。

图 5.38　事故案例图

2. 事故教训

（1）机车乘务员运行途中安全责任意识不强，对突发问题不敏感。慢行地段运行中，在听到机车有震动并伴有"哐当"声响后又恢复正常的情况下，没有及时向车站和列车调度员汇报情况。

（2）机车乘务员对途中出现的异常情况未及时汇报车站，终到站交接班没有发现轴箱弹簧的异状，退勤没有向派班室报告，造成信息反馈渠道梗阻。

（3）机车在入库整备作业时，地勤检车人员对机车走行部件的检查不彻底，走行部两侧检查仅用 1 min，只注重拍照，对存在的隐患没有及时发现，错过了库内消除事故的时机。

案例四：

1. 事故概况

2019 年 10 月 8 日，某局某段 HXN5 型机车组，值乘机班担当某次货物列车牵引任务。列车在扎乙车站 3 道停车,机车乘务员错误将侧线股道号输为"1",造成监控装置防冒曲线滞后控制 69 m。乘务员错误按照 LKJ 显示的距离操纵列车,7 时 42 分 39 秒,列车冒进丙站 3 道下行出站信号机约 4.55 m,构成一般 C10 类事故(图 5.39)。

图 5.39 事故案例图

2．事故教训

(1)机车乘务员错误输入监控装置 LKJ 股道号。乙站值班员车机联控时,通知司机列车 3 道停车。操纵学习司机在机车越过预告信号机后,在监控装置侧线股道号输入时错误输入为 1 道(短输长),使监控装置未启动防冒控制功能。进站后没有再次确认股道号,未能发现错输股道,更没有按照地面信号机的实际位置操纵列车,盲目依赖监控装置的控制曲线进行操纵,错过了制动时机,是造成此次事故的主要原因。

(2)本务机车司机监护职能和机班互控失效。负责监控练习的司机在列车进站过程中坐在右侧座椅上面眯睡,失去了应有的监护职能和互控作用,未能防止事故的发生。

案例五：

1．事故概况

2016年11月23日18时55分，某局某段司机使用电力机车，担当某次旅客列车牵引任务，列车编组17辆、总重934 t、计长40.5 m。运行至乙站西联线机车LKJ设备收到报警信号，司机使用紧急制动停车，停车后距分相75 m，不具备闯分相条件，司机盲目动车停于分相区，构成铁路交通一般D15类事故。

2．事故教训

停车后盲目闯分相。电分相是电力机车的操纵关键，如果停在电分相无电区只有请求救援，构成事故。但是机车乘务员在电分相前停车后，在加速距离不足的情况下盲目以为机车可以过分相，臆测行车，造成列车停于电分相。

项目 6　终到及退勤作业

【情境导入】

司机小张值乘 33035 次货物列车，精心操纵，认真执行标准化作业，下一站就要到达列车终到站，正在与兖州北站车机联控，询问列车接车股道。

【学习目标】

1. 能与车站在进站前及时联控，输入侧线股道号。
2. 能正确操纵列车进站。
3. 能正确确认接车股道，并安全停车。
4. 能正确在终到站的使用。
5. 能按退勤程序退勤，愉快下班。

【学习任务】

1. 掌握与车站车机联控时机。
2. 掌握列车终到站输入侧线股道号要求。
3. 掌握列车制动时机、制动距离，做到一次停妥。
4. 熟悉终到站摘机及入库要求。
5. 掌握机班退勤程序。

电力机车乘务作业

列车终到及入段

终点站及到达入库作业

【任务分析】

1. 学习关于与车站在进站前联控、输入侧线股道号要求。
2. 学习关于如何正确操纵列车进站。
3. 学习关于确认接车股道，并安全停车要求。
4. 学习关于终到站摘机及入库要求。
5. 学习机班退勤程序。
6. 阅读的过程，专注关键要素，用简单的文字、图表等总结。

读书笔记

【任务准备】

完成阅读下面资料。

资料1：

主动及时联控，清楚掌握进路方向和股道号→接近手比确认车位→根据运行速度及实际情况制动调速，机车信号收到双黄灯时，输入侧线股道号（8 股除外），输入后司机手比 LKJ 显示屏确认股道号输入正确。

资料2：

确认进站信号及道岔限速→司机根据运行速度择机进行制动调速→自阀减压后自控"减压 50 kPa，排风正常，注意缓解，缓解好了，充风正常，仪表注意"→进站前 400 m 控速道岔限速以下（列车未进行贯通试验进站信号机前控速不超过 30 km/h）→接近进站信号机 50 m 内确认车位，有误差立即按压"自动校正"键进行校正。

资料3：

进站后，列车进入实际股道，手比确认实际进入股道，并与输入股道、联控股道、手账标注股道核对一致（站内修改股道号时控速本站最低道岔限速值以下）→盯紧运行速度及距离→距离出站信号机 500 m、400 m、300 m、200 m 进行自控→制动前呼唤手柄零位→择机进行制动停车（停车后自、单闸置全制位保压防溜）→需进行二拉时，停车后追加至 80 kPa，缓解 20 s 后即可二拉→停车后，自阀追加至最大有效减压量，手比呼唤确认"换向手柄中立位"→站内停车时要求保证 CIR（GMS-R 或 450 MHz 工作模式）作用正常。站内停车后及时联控车站确认是否全列进入站内。

资料 4：

（1）到达终点站停妥后，自阀施行最大有效减压量，使列车保持制动状态，解除（关闭）列尾装置。直供电列车到达后，应保持供电，接到车辆乘务员通知后或需要摘开机车时方可停止供电，拔出供电钥匙，按规定与车辆乘务员办理交接。摘开机车后，非操纵（学习）司机将机车各风管连接器置于固定防尘堵支架上或连挂防尘堵（高站台入库后连挂）。

（2）信号开放及时动车，按信号显示、限制速度、车机联控等规定要求运行。机车到达站、段分界点处一度停车，非操纵（学习）司机签认入段时分，了解段内走行经路，汇报司机，全员共同确认股道号码信号、道岔开通信号及道岔位置正确并回示（设有调车信号机的凭调车信号的显示运行），段内走行严守速度规定。

（3）机车进入整备线后，应在隔离区防护信号 10 m 前一度停车，确认防护信号及隔离区内机车停留情况。如防护信号开放、隔离区内无机车，经联系整备人员（进行签认）并得到许可后，以不超过 5 km/h 的速度将机车移动至隔离区内办理有关交接手续；如隔离区内有机车，不得进入，可在隔离区防护信号外办理交接手续。

资料 5：

（1）填写报表：认真填写司机报单、LKJ 信息反馈表等，

《操规》到达至入段确认呼唤应答标准用语

退勤作业 1

退勤作业 2

对趟车作业进行总结。

（2）汇报信息：转储 IC 卡及录音笔文件，机班全员向退勤调度员汇报趟车作业情况及有关行车信息，非正常信息时按规定填写机调 –18。

（3）上缴资料：司机将填写好的列车趟车监控信息单、司机手册、添乘指导簿、司机报单、车机联控信息单、列车时刻表、运行揭示交付件、途中临时调度命令等有关资料上交退勤调度员。

（4）听取分析：机班全员听取退勤调度员根据趟车车载设备文件预分析情况，准予退勤。

（5）测酒退勤：各项手续办理完毕后，按退勤调度员指示，按压指纹测酒，相互致礼完成退勤。

【任务实施】

序号	实施步骤及质量标准	成果展示	完成时间
1	阅读资料1，熟悉在进站前与车站联控有关内容及要求	口述，笔记	随堂
2	阅读资料2，熟悉如何正确操纵列车进站	口述，笔记	随堂
3	阅读资料3，熟悉站内停车安全要求	口述，笔记	随堂
4	阅读资料4，熟悉终到站摘机及入库要求	口述，笔记	随堂
5	阅读资料5，熟悉退勤有关程序	口述，笔记	随堂

【任务评价】

序号	鉴定评分点	是/否	随堂记录（根据个人学习情况做好重点记录，确保对症下药精益求精）
1	是否掌握进站停车有关规定		
2.	是否掌握终到站摘机及入库要求		
3	能否流畅演示退勤程序		

项目 6　终到及退勤作业

【知识/技能储备】

1. 终到站停车有哪些规定？
2. 终到站摘机及入库要求有哪些？
3. 退勤环节有关流程有哪些？

【企业案例】

案例一：

1．案例概况

2021年4月，某局某段机车乘务员担当货物列车牵引任务，在终到站停车时，因控速不当 LKJ 自停动作，构成"红线"问题。

2．案例教训

（1）操纵司机日常站内停车作业没有养成盯控速曲线的习惯，对距离和速度的手比呼唤不重视，这是发生问题的直接原因。

（2）操纵司机精力分散，对关键作业环节在思想上没有引起重视，同时责任心缺失，这是发生问题的主要原因。

案例二：

1．案例概况

2021年4月，某局某段机车乘务员担当货物列车牵引任务，在进站后未及时输入侧线股道号，因前方进路信号机关闭且停车距离在 200 m 距离内,导致停车后已无法输入,构成违章问题。

2. 案例教训

(1)操纵司机日常没有养成良好车机联控习惯,未严格执行联控四清要求:联控清、标注清、输入清、核对清,这是发生问题的直接原因。

(2)操纵司机对一站多场车站股道号输入要求掌握不清楚,没有及时采取补救措施,导致发生违章问题,这是发生问题的主要原因。

读书笔记

附　录

附录1　机车乘务人员确认呼唤（应答）用语和手比方式标准

1．基本要求

为使机车乘务员作业规范化、标准化，保证各项作业质量和安全，机车（动车组）乘务人员（包括添乘指导司机）在乘务作业全过程必须认真执行确认呼唤（应答）用语和手比方式标准。执行确认呼唤（应答）和手比方式标准时，应遵循以下三项基本原则：

1.1　属于作业类须注意安全的，应遵循"先确认呼唤后作业"的原则。

1.2　属于信号、标志类须瞭望确认的，应遵循"彻底瞭望、确认信号、手比眼看、准确呼唤"的原则。

1.3　呼唤（应答）手比时机，应遵循"先确认后呼唤、信号好了不早呼、信号未好提前呼、呼唤为主、手比为辅"的原则，瞭望条件良好时，进站（进路）信号不少于800 m；出站、通过、接近、预告信号机不少于600 m；调车信号不少于100 m；信号表示器不少于100 m（动车组不少于400 m）；因天气不良、信号机设置、障碍物遮挡等原因确认瞭望距离不足时，要先确认机车信号并呼唤。

2．手比方式标准

共同执行的标准，需要手比的项目，在呼唤的同时按以下手比方式进行手比：

2.1　信号显示要求通过（显示绿灯、绿黄灯）时：右手伸出食指和中指并拢，拳心向左，指向确认对象，如附图1.1所示。

2.2　进站、接车进路等信号显示要求正向径路准备停车（显示一个黄灯）时：右手拢拳伸拇指向上直立，拳心向左，如附图1.2所示。

2.3　进站、接车进路等信号显示要求侧向径路运行（显示双黄灯、黄闪黄）时：右手拢拳伸拇指向上和伸小指向前，拳心向左，如附图1.3所示。

2.4　各种作业需要注意安全或运行中需要减速警惕运行等情况时：右臂拢拳屈伸，大小臂成90°，举拳与眉齐，拳心向左，如附图1.4所示。

附图 1.1　信号显示要求通过手比方式

附图 1.2　进站、接车进路等信号显示要求正向径路准备停车手比方式

附图 1.3　进站、接车进路等信号显示要求侧向径路运行手比方式

附图 1.4　注意安全或运行中需要减速警惕运行手比方式

2.5　各种信号、标志、表示器等显示要求停车（显示红灯，包括固定和临时）和遇紧急情况要求停车时：右臂拢拳屈伸，举拳与眉齐，拳心向左，小臂上下急剧摇动 3 次，如附图 1.5 所示。

2.6　各种手信号、防护信号（脱轨器）、标志、表示器、手柄、开关、仪表、道岔、LKJ 提示前方限速变化等需要检查确认或开放开通时：右手伸出食指和中指并拢，拳心向左，指向确认的对象，如附图 1.6 所示。

附图 1.5　显示要求停车（显示红灯，包括固定和临时）和遇紧急情况要求停车手比方式

附图 1.6　检查确认或开放开通手比方式

2.7　手比以注意警惕姿势（右臂拢拳屈伸，大小臂成 90°，举拳与眉齐，拳

心向左）开始和收回，手比动作变化之间稍做停顿。

3．说明

3.1 列车运行中必须对所有地面主体信号显示全部进行确认呼唤（应答）。自动闭塞区段分区通过信号显示绿灯并机车监控装置良好，值乘速度 120 km/h 及以上客运列车时，只手比不呼唤（带有三斜杠标志预告功能的分区通过信号机除外）。

3.2 遇有显示须经侧向径路运行的信号时，在呼唤信号显示的同时，必须呼唤侧向限速值。

3.3 同时具有接车进路和发车进路的进路信号机，列车在该信号机前停车及发出时，按照发车进路信号机进行呼唤，信号指示列车在该信号机前不停车通过该信号时，按照接车进路信号机进行呼唤。

3.4 设有出站信号机的线路所通过信号比照进站信号机呼唤内容进行呼唤。

3.5 双线自动闭塞区段 2 灯位进路表示器显示，根据灯位显示确认呼唤"正、反方向好了"；双线自动闭塞区段 1 灯位进路表示器显示，反方向行车着灯时确认呼唤"反方向好了"，正方向行车不着灯时不呼唤；除上述之外的进路表示器，在确认进路表示器显示灯位后，呼唤"××（线、站）方向好了"。

3.6 慢行地点限速标未标明限速值时，按限速 25 km/h 进行呼唤。

3.7 机车监控装置正线开车对标，无侧向道岔限速时，不呼唤道岔限速。

3.8 对发车信号的呼唤，含使用手信号及无线通信设备发车。

3.9 防洪地点标仅在防洪期间进行呼唤。

3.10 "其他要道还道地点"，是指办理出段或入段作业走行进路上，显示出段或入段手信号之外的扳道房前的停车要道地点。

3.11 双岗值乘时，首、末次机械间巡视需对巡视主要内容进行汇报。

3.12 双岗值乘途中换班作业，运行当前区间或前方第一区间有临时限速时需进行呼唤。

3.13 货运列车在车站开车、通过、到达可不报告和呼唤列车正晚点时分。

3.14 司机途中操纵牵引、制动手柄及操作行车安全装备遇有需要进行呼唤和手比的项目时，可只呼唤不手比。

3.15 单岗值乘时，添乘指导司机对操纵司机确认呼唤内容进行复诵；双岗值乘时，添乘指导司机按照复诵者内容进行复诵。

机车乘务员双岗值乘确认呼唤应答用语和手比方式标准见附表1.1。

附表 1.1　机车乘务员双岗值乘确认呼唤应答用语和手比方式标准

序号	呼唤时机及处所	呼唤		应答		复诵		手比方式标准	备注
		呼唤者	标准用语	应答者	标准用语	复诵者	标准用语		
1	上下机车、检查坑、闭合电源开关、启动柴油机、制动机试验等各种作业前需要注意人身、设备安全时	作业者	××注意安全	有关人员	注意安全	学习司机、非操纵司机	注意安全	第4项	需要进行鸣笛（限鸣区除外，以下同）等注意安全措施时，一并进行
2	LKJ揭示载入后和需要查询时	学习司机、非操纵司机	揭示查询	操纵司机	揭示××条，输入正确		揭示××条，输入正确	第6项	需要进行鸣笛（限鸣区除外，以下同）等注意安全措施时，一并进行
3	LKJ速度控制模式设置或转换时		监控模式设置		调车模式好了××公里模式好了特殊前行模式好了		调车模式好了××公里模式好了特殊前行模式好了	第6项	××公里模式指出（入）库不同速度、20 km/h限速模式
4	需要进行电器（低压）动作试验时		电器（低压）试验		注意安全		注意安全	第4项	注意人身安全
5	电力机车升弓前	操纵司机	升弓	学习司机非操纵司机	升弓注意	操纵司机	升弓好了网压××kV	第4、6项	升弓前确认感应网压，监视升弓、降弓全过程，确认各仪表显示正常
6	电力机车高压试验		高压试验		注意安全		注意安全	第4项	
7	电力机车降弓时		降弓		降弓注意		降弓好了	第4、6项	

续表

序号	呼唤时机及处所	呼唤		应答		复诵		手比方式标准	备注
		呼唤者	标准用语	应答者	标准用语	复诵者	标准用语		
8	电力机车需要闭合、断开主断路器时	学习司机、非操纵司机	闭合主断	操纵司机	闭合好了控制电压××V	学习司机、非操纵司机	好了	第6项	闭合主断扳键前确认网压表，主断闭合后确认控制电压
			断电		断电好了		好了		
9	需要设置和检查确认各行车安全装备时		确认行车安全装备		LKJ设置好了　CIR（或通信装置）设置好了　列尾装置设置好了　机车信号确认好了		LKJ设置好了　CIR（或通信装置）设置好了　列尾装置设置好了　机车信号确认好了	第6项	确认LKJ内容时必须呼唤确认车次、交路号、车站号、编组、速度等级、列车类型等参数
10	需要松缓和检查确认手制动机或弹停制动状态时		松缓手制动（弹停制动）		缓解好了		好了	第6项	确认前、后台手制动机或弹停制动指示灯
11	整备完毕，人员就岗，准备出段		出段准备		准备好了			无	
12	非集中操纵道岔出段时		还道信号		××道		××道	第6项	需要要道还道时，信号、警冲标前10 m停车
			出段信号		出段手信号好了		出段手信号好了		
13	经过非集中操纵道岔前		道岔注意		道岔开通正确　停车		道岔开通正确　停车	第6项 第5项	逐个道岔呼唤

续表

序号	呼唤时机及处所	呼唤		应答		复诵		手比方式标准	备注
		呼唤者	标准用语	应答者	标准用语	复诵者	标准用语		
14	其他要道还道地点前	学习司机、非操纵司机	一度停车还道信号道岔开通信号	操纵司机	一度停车 ××道 手信号好了	学习司机、非操纵司机	××道 手信号好了	第6项	确认后再呼唤
15	股道自动化道岔		出段信号		白（绿）灯 蓝（红）灯 停车		白（绿）灯 蓝（红）灯停车	第1项 第5项	库内调车信号
16	一度停车牌或站段分界点		一度停车		一度停车			第5项	其他需一度停车时
17	闸楼处		停车签点		注意安全		注意安全	第4项	下车注意人身安全
18	接近车挡、站界标、接触网终点标、未撤的脱轨器及防护信号等		十、五、三停车		十、五、三停车			第4项 第5项	加强瞭望，注意控速，10 m前一度停车
19	换端作业时		注意防溜		注意防溜			第4项	机车全制动、降弓、各手柄、开关位置正确，门窗锁闭
20	调车复示信号机显示月白色灯光		复示信号		白灯		白灯	第1项	
	调车复示信号机无显示		复示信号		注意信号		注意信号	第4项	

续表

序号	呼唤时机及处所	呼唤		应答		复诵		手比方式标准	备注
		呼唤者	标准用语	应答者	标准用语	复诵者	标准用语		
20	调车信号机显示月白色灯光	学习司机、非操纵司机	调车信号	操纵司机	白灯	学习司机、非操纵司机	白灯	第4项第1项	由近及远逐个确认呼唤
	调车信号机显示蓝色（红色）灯光		调车信号		蓝（红）灯停车		蓝（红）灯停车	第5项	
21	进入挂车线脱轨器前		脱轨器注意		撤除好了红牌(红灯)停车		撤除好了红牌（红灯)停车	第6项或第5项	加强瞭望，注意控速，10 m前一度停车
22	连挂车时		十、五、三辆停车		十、五、三辆停车		好了注意	第4项第5项	
			防护信号		撤除好了注意信号			第6项第4项	
23	显示连挂手信号时				连挂停车试拉			第6项第5项第4项	调车人员显示连挂信号时，学习(非操纵)司机同样呼唤
24	列车制动机试验时	副司机、非操纵司机	制动		制动	副司机、非操纵司机		无	司机记录列车管充、排风时间并与列车编组情况进行核对
			缓解		缓解				
			试风好了		试风好了				
25	列尾试验、检查时		列尾查询		尾部风压××kPa		好了	第6项	1.试验是否与列尾主机形成一对一关系；2.出发前、进站前、长大下坡道前，停车站出站后、贯通试验后

续表

序号	呼唤时机及处所	呼唤		应答		复诵		手比方式标准	备注
		呼唤者	标准用语	应答者	标准用语	复诵者	标准用语		
26	出站（进路）复示信号机	副司机、非操纵司机	复示信号	操纵司机	复示好了	副司机、非操纵司机	复示好了	第1项	无显示时呼唤"注意信号"
					注意信号		注意信号	第4项	
27	出站（发车进路）信号机显示一个绿色灯光		出站（发车进路）信号		绿灯，出站（发车进路）好了		绿灯，出站（发车进路）好了	第1项	经侧向径路运行时，同时呼唤侧向限速值；出站信号显示一个黄色灯光，通过的特快旅客列车呼唤"停车"（特殊规定除外）
	出站（发车进路）信号机显示绿黄色灯光		出站（发车进路）信号		绿黄灯，出站（发车进路）好了		绿黄灯，出站（发车进路）好了	第1项	
	出站（发车进路）信号机显示一个黄色灯光		出站（发车进路）信号		黄灯，出站（发车进路）好了		黄灯，出站（发车进路）好了	第4项	
	出站（发车进路）信号机显示一个红色灯光		出站（发车进路）信号		红灯，停车		红灯，停车	第5项	
	出站信号机显示两个绿色灯光		出站信号		双绿灯，××（线、站）方向出站好了		双绿灯，××（线、站）方向出站好了	第1项	
	通过手信号		通过手信号		手信号好了 站内停车		手信号好了 站内停车	第6项 第5项	

续表

序号	呼唤时机及处所	呼唤		应答		复诵		手比方式标准	备注
		呼唤者	标准用语	应答者	标准用语	复诵者	标准用语		
27	非正常行车确认凭证时	副司机、非操纵司机	确认路票、绿色许可证、红色许可证、调度命令	操纵司机	路票正确 绿色许可证 正确 红色许可证 正确 调度命令正确	副司机、非操纵司机	路票正确 绿色许可证正确 红色许可证正确 调度命令正确	第6项	接到各种凭证后，司机阅读全部内容，学习（二位）司机复诵，确认正确后呼唤
28	进路表示器		进路表示器		××侧××（线、站）方向好了 正、反方向好了		××侧××（线、站）方向好了 正、反方向好了	第6项	熟悉显示方向及方式
29	显示列车发车信号时或接到电话发车通知后		发车信号		一圈、二圈、三圈，发车信号好了 联控发车好了		一圈、二圈、三圈，发车信号好了 联控发车好了	第6项	复诵电话发车内容后与学习（二位）司机呼唤应答
	使用发车表示器的车站		发车表示器		发车表示器白灯		发车表示器白灯		
30	启动列车后		确认开车时刻		正点（晚点××分）开车		好了	第6项	货物列车除外
			后部注意		后部好了		后部好了	无	
			注意对标		对标好了 道岔限速××km/h		好了 道岔限速××km/h	第6项	正线开车时不呼唤限速值
31	列车启动时、出站后及其他需要确认仪表和各手柄、开关位置时		仪表注意		各仪表显示正常		显示正常	第6项	二位或副司机确认本侧正常后复诵

续表

序号	呼唤时机及处所	呼唤		应答		复诵		手比方式标准	备注
		呼唤者	标准用语	应答者	标准用语	复诵者	标准用语		
32	记点及需要瞭望交接和前方有紧急情况时	作业者	前方注意	其他人员	前方注意	副司机、非操纵司机		第4项	发现有情况或需要瞭望交接者可先呼唤
33	LKJ限制速度变速点前（由高速变低速）	操纵司机	前方限速××km/n	学习非操纵司机	注意控速	操纵司机	注意控速	第6项	手比指向LKJ显示屏
34	列车贯通试验或试闸点		贯通试验试闸		贯通试验好了 试闸好了		好了 好了	第6项	贯通试验后确认仪表及列尾查询后应答
35	乘降所		××乘降所		停车		停车	第5项	
36	交会列车时		会车注意		注意			第4项	会车前呼唤
37	CIR接收接车进路预告信息时	副司机、非操纵司机	××乘降所会车注意确认进路预告信息	操纵司机	××站（线路所）××道通过（停车）、机外停车	副司机、非操纵司机	××站（线路所）××道通过（停车）、机外停车	第6项	接收信息时办理瞭望交接，手比指向CIR
38	通信模式转换时		通信转换注意		转换好了		好了	第6项	在通信模式转换地点处呼唤
	转换机车信号时		机车信号转换注意		转换好了		好了	第6项	确认上下行位置后呼唤
39	接收临时调度命令		确认调度命令		调度命令确认好了		调度命令确认好了	第6项	机班须确认复诵命令号及内容

续表

序号	呼唤时机及处所	呼唤		应答		复诵		手比方式标准	备注
		呼唤者	标准用语	应答者	标准用语	复诵者	标准用语		
40	接近慢行地段限速标前	副司机、非操纵司机	慢行注意	操纵司机	限速××km/h	副司机、非操纵司机	限速××km/h	第4项	未标注限速值呼唤25 km/h
	慢行减速地点始端标		慢行开始		慢行开始			第6项	若空气制动调速缓解后确认仪表
	慢行减速地点终端标		严守速度		严守速度			第4项	
	越过减速防护地段终端信号标		慢行结束		慢行结束		好了	第6项	根据列车实际长度确认尾部越过后呼唤
41	接近防洪地点标前		进入防洪地点		注意运行		注意运行	第4项	在防洪期间确认呼唤
42	接近限制鸣笛标前		进入限鸣区段		限制鸣笛		限制鸣笛	第6项	有标志时呼唤
43	接近道口前		道口注意		注意			第4项	关键道口呼唤
	接近分相前		过分相注意		注意		注意	第4项	注意总风缸压力
	禁止双弓标前		禁止双弓		单弓好了		好了	第6项	手比指向扳键开关
44	运行中在断电标（T断标）前		断电		断电好了		好了	第6项	对于速度120 km/h及以上的列车，按T断电标呼唤
	运行中越过合电标后		闭合		闭合好了		好了	第6项	闭合后确认仪表、各辅机启动正常
45	运行中在准备降弓标前		准备降弓		准备降弓			第4项	机车到达准备降弓标处呼唤
	运行中在降弓标或降弓手信号前		降弓		降弓好了		好了	第6项	降弓后确认网压及显示屏受电弓状态

续表

序号	呼唤时机及处所	呼唤		应答		复诵		手比方式标准	备注
		呼唤者	标准用语	应答者	标准用语	复诵者	标准用语		
45	运行中越过升弓标或升弓手信号后		升弓		升弓好了		好了	第6项	升弓后确认网压及显示屏受电弓状态
46	需要机械间巡视时		机械间检查		注意安全		加强瞭望	第4项	值乘区段的首、末次机械间检查需对巡视主要内容进行汇报
	巡视完毕后		各部正常		好了			无	
47	通过信号机显示一个绿色灯光	副司机、非操纵司机	通过信号	操纵司机	绿灯	副司机、非操纵司机	绿灯	第1项	运行速度120 km/h及以上的客运列车,自动闭塞分区通过信号机显示绿色灯光可不呼唤,只进行手比(带有三斜杠标志预告功能的分区通过信号机除外)
	通过信号机显示一个绿色灯光和一个黄色灯光		通过信号		绿黄灯		绿黄灯	第1项	
	通过信号机显示一个黄色灯光		通过信号		黄灯减速		黄灯减速	第4项	
	通过信号机显示一个红色灯光		通过信号		红灯停车		红灯停车	第5项	
48	进站、进路信号机及自动闭塞区段进站信号前一架通过信号机处(正线通过时除外)		确认车位		车位正确		车位正确	第6项	LKJ正常监控模式进行停车控制时,在其封口前的信号机处同样呼唤确认
					校正好了		好了		

续表

序号	呼唤时机及处所	呼唤		应答		复诵		手比方式标准	备注
		呼唤者	标准用语	应答者	标准用语	复诵者	标准用语		
49	线路所通过信号机	学习司机、非操纵司机	通过信号	操纵司机	绿灯，(××方向好了)	学习司机、非操纵司机	绿灯，(××方向好了)	第1项	设有出站信号机的线路所，线路所通过信号机比照进站信号机的呼唤内容呼唤
					绿黄灯，(××方向好了)		绿黄灯，(××方向好了)	第1项	
					黄灯减速，(××方向好了)		黄灯减速，(××方向好了)	第4项	
					侧线限速××km/h、××方向好了		侧线限速××km/h、××方向好了	第3项	
					机外停车		机外停车	第5项	
			确认行车凭证		线路所凭证正确		线路所凭证正确	第6项	
50	遮断信号机无显示时		遮断信号		无显示		无显示	第6项	
	遮断信号机显示红灯时		遮断信号		红灯停车		红灯停车	第5项	
51	预告信号机显示一个绿色灯光		预告信号		预告好了		预告好了	第1项	半自动闭塞区段进站信号机前加强瞭望
	预告信号机显示一个黄色灯光		预告信号		注意信号		注意信号	第4项	
52	接近信号机显示一个绿色灯光		接近信号		绿灯		绿灯	第1项	运行速度超过120 km/h的半自动闭塞区段或自动站间闭塞区段设置接近信号机，灯光熄灭时按黄色灯光运行

续表

序号	呼唤时机及处所	呼唤		应答		复诵		手比方式标准	备注
		呼唤者	标准用语	应答者	标准用语	复诵者	标准用语		
52	接近信号机显示绿黄色灯光	司机非操纵司机	接近信号	操纵司机	绿黄灯	司机非操纵司机	绿黄灯	第1项	
	接近信号机显示一个黄色灯光		接近信号		黄灯减速		黄灯减速	第4项	
53	进站复示信号机		复示信号		直向		直向	第6项	60°角显示
					侧向		侧向	第2项	水平显示
					注意信号		注意信号	第4项	无显示
54	进站（接车进路）信号机显示一个绿色灯光		进站（进路）信号		绿灯，正线通过		绿灯，正线通过	第1项	
	进站（接车进路）信号机显示一个绿色灯光和一个黄色灯光		进站（进路）信号		绿黄灯，正线通过，注意运行		绿黄灯，正线通过，注意运行		
	进站（接车进路）信号机显示一个黄色灯光		进站（进路）信号		黄灯，正线		黄灯，正线	第2项	
	进站（接车进路）信号机显示两个黄色灯光		进站（进路）信号		双黄灯，侧线，限速××km/h		双黄灯，侧线，限速××km/h	第3项	
	进站(接车进路)信号机显示一个黄色闪光和一个黄色灯光		进站（进路）信号		黄闪黄，侧线，限速××km/h		黄闪黄，侧线，限速××km/h		
	进站（接车进路）信号机显示一个红色灯光		进站（进路）信号		红灯，机外停车		红灯，机外停车	第5项	

续表

序号	呼唤时机及处所	呼唤		应答者	应答	复诵者	复诵	手比方式标准	备注
		呼唤者	标准用语		标准用语		标准用语		
55	进站（接车进路）信号机处显示引导信号时	司机非操纵司机	引导信号	操纵司机	一红一白，引导信号好了	司机非操纵司机	一红一白，引导信号好了	第6项	
	进站（接车进路）信号机处显示引导手信号时		引导手信号		黄旗（黄灯），引导手信号好了		黄旗（黄灯），引导手信号好了	第6项	
	进站（接车进路）信号机处显示特定引导手信号时		特定引导手信号		绿旗（绿灯），特定引导手信号好了		绿旗（绿灯），特定引导手信号好了	第6项	
	进站（接车进路）信号机无显示或红灯且无引导（手）信号时		机外停车		机外停车			第5项	
56	需要输入侧线股道号	副司机	输入侧线股道号		××道输入好了	副司机		第6项	输入后对照LKJ的显示呼唤确认
	需要输入支线号		输入支线号		支线号××输入好了				
57	防护信号前	副司机、非操纵司机	防护信号		红灯（红旗）停车 火炬停车 撤除好了	副司机、非操纵司机	红灯（红旗）停车 火炬停车 撤除好了	第5项 第5项 第6项	途中遇停车信号、火炬火光时发现者可先呼唤
58	途中换班时	换班司机	换班注意	接班司机	加强瞭望（前方有限速），注意安全	接班司机	明白	第4项	运行当前或前方第一区间有限速时呼唤"前方有限速"

续表

序号	呼唤时机及处所	呼唤		应答		复诵		手比方式标准	备注
		呼唤者	标准用语	应答者	标准用语	复诵者	标准用语		
59	列车终到站后	副司机、非操纵司机	确认行车安全装备	操纵司机	LKJ设置好了 CIR（或通信装置）设置好了 列尾装置设置好了	司机非操纵司机	LKJ设置好了 CIR（或通信装置）设置好了 列尾装置设置好了	第6项	终到站后对LKJ设置调车模式；转换450 MHz工作模式；解除列尾控制
60	非集中操纵道岔入段时		还道信号		××道		××道	第6项	
			入段信号		入段手信号好了		入段手信号好了	第6项	
61	股道自动化道岔		入段信号		白（绿）灯 蓝（红）灯停车		白（绿）灯 蓝（红）灯停车	第1项 第5项	库内调车信号
62	上、下转盘		上（下）转盘（手）信号		（手）信号好了 停车		好了 停车	第6项 第5项	转盘前一度停车要道还道并严守上下转盘的速度
63	整备线防护信号前		防护信号		撤除好了 （红灯、蓝灯、红旗、红牌）停车		撤除好了 （红灯、蓝灯、红旗、红牌）停车	第6项 第5项	距防护信号10 m前停车后确认呼唤
64	调车作业中前进、后退、溜放、连挂、停车		前进 后退 溜放 连挂 停车		前进 后退 溜放 连挂 停车			第6项 第6项 第6项 第6项 第5项	司机接到信号后鸣笛回示，并唱一钩，于一构，操纵司机可不手比

续表

序号	呼唤时机及处所	呼唤		应答		复诵		手比方式标准	备注
		呼唤者	标准用语	应答者	标准用语	复诵者	标准用语		
64	显示十、五、三车距离信号时	副司机、非操纵司机	十辆 五辆 三辆 停车 连挂	操纵司机	十辆注意速度 五辆注意减速 三辆注意停车 停车 连挂注意安全	副司机非操纵司机		第4项 第4项 第4项 第5项 第4项	司机接到信号后鸣笛回示，并唱一钩，干一钩，操纵司机可不手比
	连挂、溜放、牵出、推进等调车作业时		××股溜放连挂 ××股牵出推进		××股溜放连挂注意速度 ××股牵出推进注意安全			第4项	
65	调车作业驼峰信号		绿灯		推进		推进	第6项	
			绿闪		加速推进		加速推进		
			黄灯		预推		预推		
			黄闪		减速推进		减速推进		
			月白灯		下峰		下峰		
			月白闪		去禁溜线严守速度		严守速度	第4项	
			红灯		停车		停车	第5项	
			红闪		后退		后退	第6项	

附录2　晋升机车司机资格理论常考规章试题

1．货物列车中编挂关门车时，编挂位置有何限制？J262（"J"表示《铁路技术管理规程》，"262"表示第262条。下同）

答：关门车不得挂于机车后部三辆车之内；在列车中连续连挂不得超过两辆；列车最后一辆不得为关门车；列车最后第二、三辆不得连续关门。

2．旅客列车、特快货物班列关门车的编挂有何规定？J262

答：旅客列车、特快货物班列不准编挂关门车。在运行途中（包括在站折返）如遇自动制动机临时故障，在停车时间内不能修复时，准许关闭一辆，但列车最后一辆不得为关门车。

3．使用自动闭塞法行车时，列车进入区间或闭塞分区的行车凭证是什么？J314 J317 J319

答：使用自动闭塞法行车时，列车进入闭塞分区的行车凭证是出站或通过信号机显示的允许运行的信号。使用半自动或自动站间闭塞法行车时，列车进入区间的行车凭证是出站信号机或线路所通过信号机显示的允许运行的信号。

4．一切电话中断，在双线自动闭塞区间，如闭塞设备作用良好时，应如何行车？J324

答：列车运行仍按自动闭塞法行车，但车站与列车司机应以列车无线调度通信设备直接联系（说明车次及注意事项等）。如列车无线调度通信设备故障时，列车必须在车站停车联系。

5．列车在区间内停车进行防护、分部运行、装卸作业或使用紧急制动阀停车后再开车时，司机应注意哪些事项？J335

答：司机必须检查试验列车制动主管的贯通状态，确认列车完整，具备开车条件后，方可启动列车。

6．单机在自动闭塞区间紧急制动停车或被迫停在调谐区内时，司机应如何处理？J335

答：司机须立即通知后续列车司机、向两端站车站值班员（列车调度员）报告停车位置（具备移动条件时司机须先将机车移动不少于 15 m），并在轨道电路调谐区外使用短路铜线短接轨道电路。

7. 在列车运行途中，遇列尾装置、机车信号、列车监控装置发生故障时，司机应如何处理？J335

答：运行途中，遇列尾装置、机车信号、列车运行监控装置发生故障时，司机应立即使用列车无线调度通信设备报告车站值班员或列车调度员，并根据实际情况掌握速度运行；遇机车信号、列车运行监控装置发生故障时，司机应控制列车运行至前方站停车处理或请求更换机车，在自动闭塞区间，列车运行速度不超过 20 km/h。

8. 遇天气恶劣无法辨认出站（进路）信号机显示时，在列车具备发车条件后，司机应如何行车？J338

答：司机凭车站值班员列车无线调度通信设备的发车通知启动列车，在确认出站（进路）信号机显示正确后，再行加速。

9. 列车遇到线路塌方、道床冲空等危及行车安全的突发情况时，司机应如何处理？J339

答：司机应立即采取应急性安全措施，并立刻通知追踪列车、邻线列车及邻近车站。配备列车防护报警装置的列车应首先使用列车防护报警装置进行防护。

10. 哪些情况列车不准分部运行？J369

答：采取措施后可整列运行时；对遗留车辆未采取防护、防溜措施时；遗留车辆无人看守时；司机与车站值班员及列车调度员均联系不上时；遗留车辆停留在超过 6‰坡度的线路上时。

11. 列车发生火灾、爆炸需要分隔甩车时，应如何处理？J370

答：列车需要分隔甩车时，应根据风向及货物性质等情况而定。一般为先甩下列车后部的未着火车辆，再甩下着火车辆，然后将机后未着火车辆拉至安全地段。对甩下的车辆，在车站由车站人员负责采取防溜措施；在区间由司机、车辆乘务员负责采取防溜措施。

12. 哪些情况列车不准退行？J372

答：按自动闭塞法运行时（列车调度员或后方站车站值班员确认该列车至后方站间无列车，并准许时除外）；在降雾、暴风雨雪及其他不良条件下，难以辨认信号时；一切电话中断后发出的列车（持有附件3通知书1的列车除外）。

13．向封锁区间发出救援列车时，列车进入封锁区间的行车凭证是什么？J374

答：列车进入封锁区间的行车凭证是列车调度员的命令，当列车调度电话不通时，救援列车以车站值班员的命令，作为进入封锁区间的许可。

14．司机接到救援命令后，动车前应注意哪些事项？J374

答：司机接到救援命令后，必须认真确认。命令不清、停车位置不明确时，不准动车。

15．救援列车进入封锁区间后，司机应如何操作？J374

答：救援列车进入封锁区间后，在接近被救援列车或车列 2 km 时，要严格控制速度，同时，使用列车无线调度通信设备与请求救援的机车司机进行联系，或以在瞭望距离内能够随时停车的速度运行，最高不得超过 20 km/h，在防护人员处或压上响墩后停车，联系确认，并按要求进行作业。

16．向施工封锁区间开行路用列车时，列车进入封锁区间的行车凭证是什么？包括哪些内容？J382

答：行车凭证是调度命令。该命令中应包括列车车次、停车地点、到达车站的时刻等有关事项，需限速运行时在命令中一并注明。

17．进站色灯信号机显示一个黄色闪光和一个黄色灯光时，其显示含义是什么？J415

答：准许列车经 18 号及以上道岔侧向位置，进入站内越过次一架已经开放的信号机且该信号机防护的进路经道岔直向位置或 18 号及以上道岔侧向位置。

18．四显示自动闭塞区段，进站色灯信号机显示一个绿色灯光和一个黄色灯光时，其显示含义是什么？J415

答：准许列车按规定速度经道岔直向位置进入站内，表示次一架信号机经道岔直向位置开放一个黄灯。

19．进站及接车进路色灯信号机显示一个红色灯光及一个月白色灯光，该信号是什么信号？列车该如何运行？J416

答：该信号为引导信号；表示准许列车在该信号机前方不停车，以不超过 20 km/h 速度进站或通过接车进路，并须准备随时停车。

20．出站色灯信号机显示两个绿色灯光时，其显示含义是什么？

答：半自动闭塞或自动站间闭塞区段，出站色灯信号机显示两个绿色灯光，准许列车由车站出发，开往次要线路。自动闭塞区段，出站色灯信号机显示两个绿色灯光，准许列车由车站出发，开往半自动闭塞或自动站间闭塞区间。

21．容许信号是如何显示的？其显示含义是什么？J421

答：容许信号显示一个蓝色灯光，表示准许列车在通过色灯信号机显示红色灯光的情况下不停车，以不超过 20 km/h 的速度通过，运行到次一架通过信号机，并随时准备停车。

22．进站色灯信号机的预告信号机显示方式有哪些？分别表示什么含义？J423

答：预告色灯信号机显示一个绿色灯光，表示进站信号机在开放状态；显示一个黄色灯光，表示进站信号机在关闭状态。

23．自动闭塞区段，连续式机车信号机显示一个双半黄色灯光时，其显示含义是什么？J435

答：要求列车限速运行，表示列车接近的地面信号机开放经道岔侧向位置的进路，显示两个黄色灯光或其他相应显示。

24．三显示自动闭塞区段，连续式机车信号机显示一个带"2"字的黄色灯光的含义是什么？J435

答：要求列车注意运行，表示列车接近的地面信号机显示一个黄色灯光，并预告次一架地面信号机开放经道岔侧向位置的进路。

25．四显示自动闭塞区段，连续式机车信号机显示一个带"2"字的黄色灯光的含义是什么？J435

答：要求列车减速到规定的速度等级越过接近的显示一个黄色灯光的地面信号机，并预告次一架地面信号机开放经道岔侧向位置的进路。

26．对运行中的列车，要求停车的手信号是如何表示的？J440

答：昼间为展开的红色信号旗；夜间为红色灯光。昼间无红色信号旗时，两臂高举头上向两侧急剧摇动；夜间无红色灯光时，用白色灯光上下急剧摇动。

27．调车手信号指挥机车向显示人反方向稍行移动的信号是如何显示的？J441

答：昼间为拢起的红色信号旗直立平举，再用展开的绿色信号旗上下小动；夜间为绿色灯光上下小动。

28．调车手信号指挥机车向显示人方向稍行移动的信号是如何显示的？J441

答：昼间为拢起的红色信号旗直立平举，再用展开的绿色信号旗左右小动；夜间为绿色灯光下压数次后，再左右小动。

29．简述联系用的手信号中连接信号的显示含义及显示方式。J442

答：连接信号表示连挂作业。昼间为两臂高举头上，使拢起的手信号旗杆成水平末端相接；夜间为红、绿色灯光（无绿色灯光的人员，用白色灯光）交互显示数次。

30．十、五、三车距离信号的含义及显示方式是什么？J442

答：表示推进车辆的前端距被连挂车辆的距离。昼间——展开的绿色信号旗单臂平伸，夜间——绿色灯光，在距离停留车十车（约 110 m）时连续下压三次，五车（约 55 m）时连续下压两次，三车（约 33 m）时下压一次。

31．紧急停车信号的鸣示方式及使用时机是什么？J461

答：紧急停车信号的鸣示方式是连续短声。使用时机是司机发现（或接到通知）邻线发生障碍，向邻线上运行的列车发出紧急停车信号时。邻线列车司机听到此种信号后，应紧急停车。

32．货物列车中编挂关门车时，在数量和位置上有何限制？J261 J262

答：编入列车的关门车数不超过现车总辆数的 6%（尾数不足一辆按四舍五入计算）时，可不计算每百吨列车重量的换算闸瓦压力，不填发制动效能证明书；超过 6% 时，按第 261 条规定计算闸瓦压力，并填发制动效能证明书交与司机。关门车不得挂于机车后部三辆车之内；在列车中连续连挂不得超过两辆；列车最后一辆不得为关门车；列车最后第二、三辆不得连续关门。

33．在调车指挥作业中，司机应做到哪些？J287

答：（1）组织机车乘务人员正确及时地完成调车任务。

（2）负责操纵调车机车，做好整备，保证机车质量良好。

（3）时刻注意确认信号，不间断地进行瞭望，认真执行呼唤应答制，正确及时地执行信号显示（作业指令）和调车速度的要求；没有信号（指令）不准动车，信号（指令）不清立即停车。

（4）负责调车作业的安全。

34．自动闭塞区间通过信号机显示停车信号（包括显示不明或灯光熄灭）时，司机应如何处理？J316

答：自动闭塞区间通过信号机显示停车信号（包括显示不明或灯光熄灭）时，列车必须在该信号机前停车，司机应使用列车无线调度通信设备通知车辆乘务员（随车机械师）。停车等候 2 min，该信号机仍未显示允许运行的信号时，即以遇到阻碍能随时停车的速度继续运行，最高不超过 20 km/h，运行到次一通过信号机（进站信号机），按其显示的要求运行。在停车等候的同时，必须与车站值班员、列车调度员联系，如确认前方闭塞分区内有列车时，不得进入。

装有容许信号的通过信号机，显示停车信号时，准许铁路局规定停车后启动困难的货物列车，在该信号机前不停车，按上述速度通过。当容许信号灯光熄灭或容许信号和通过信号机灯光都熄灭时，司机在确认信号机装有容许信号时，仍按上述速度通过该信号机。

装有连续式机车信号的列车，遇通过信号机灯光熄灭，而机车信号显示允许运行的信号时，应按机车信号的显示运行。

司机发现通过信号机故障时，应将故障信号机的号码通知前方站（列车调度员）。

35．遇天气恶劣，信号机显示距离不足200 m时，司机应如何行车？J338

答：遇天气恶劣，信号机显示距离不足200 m时，司机或车站值班员须立即报告列车调度员，列车调度员应及时发布调度命令，改按天气恶劣难以辨认信号的办法行车。

（1）列车按机车信号的显示运行。当接近地面信号机时，司机应确认地面信号，遇地面信号与机车信号显示不一致时，应立即采取减速或停车措施。

（2）当无法辨认出站（进路）信号机显示时，在列车具备发车条件后，司机凭车站值班员列车无线调度通信设备（其语音记录装置须作用良好）的发车通知启动列车，在确认出站（进路）信号机显示正确后，再行加速。

（3）天气转好时，应及时报告列车调度员发布调度命令，恢复正常行车。

36．列车在汛期暴风雨中行车时，司机应如何处理？J339

答：（1）列车通过防洪重点地段时，司机要加强瞭望，并随时采取必要的安全措施。

（2）当洪水漫到路肩时，列车应按规定限速运行；遇有落石、倒树等障碍物危及行车安全时，司机应立即停车，排除障碍并确认安全无误后，方可继续运行。

（3）列车遇到线路塌方、道床冲空等危及行车安全的突发情况时，司机应立即采取应急性安全措施，并立刻通知追踪列车、邻线列车及邻近车站。配备列车防护报警装置的列车应首先使用列车防护报警装置进行防护。

37．列车在站内临时停车，待停车原因消除且继续运行时有何规定？J363

答：（1）司机主动停车时，自行启动列车；

（2）其他列车乘务人员使用紧急制动阀（紧急制动装置）停车时，由车辆乘务员（随车机械师）通知司机开车；

（3）车站接发车人员使列车在站内临时停车时，由车站按规定发车（动车组列车由车站通知司机开车）；

（4）其他原因的临时停车，车站值班员应组织司机、车辆乘务员（随车机械师）

等查明停车原因，在列车具备运行条件后，由车站按规定发车（动车组列车由车站通知司机开车）。

上述第（1）、（2）、（3）、（4）项列车停车后，司机应立即报告车站值班员，并说明停车原因。

38．列车在区间被迫停车后不能继续运行时，司机应如何处理？J366

答：列车在区间被迫停车后不能继续运行时，司机应立即使用列车无线调度通信设备通知两端站（列车调度员）及车辆乘务员（随车机械师），报告停车原因和停车位置，根据需要迅速请求救援。需要防护时，列车前方由司机负责，列车后方由车辆乘务员（随车机械师）负责，无车辆乘务员（随车机械师）为列车乘务员负责。配备列车防护报警装置的列车应首先使用列车防护报警装置进行防护。

如遇自动制动机故障，动车组以外的旅客列车司机应通知车辆乘务员立即组织列车乘务人员拧紧全列人力制动机，以保证就地制动；其他列车司机应立即采取安全措施，并向车站值班员（列车调度员）报告，请求救援。

对已请求救援的列车，不得再行移动，并按规定对列车进行防护。

39．列车被迫停车可能妨碍邻线时，司机应如何处理？J367

答：列车被迫停车可能妨碍邻线时，司机应立即用列车无线调度通信设备通知邻线上运行的列车和两端站（列车调度员），并与车辆乘务员（随车机械师）分别在列车的头部和尾部附近邻线上点燃火炬；在自动闭塞区间，还应对邻线来车方向短路轨道电路。配备列车防护报警装置的列车应首先使用列车防护报警装置进行防护。司机应亲自或指派人员沿邻线一侧对列车进行检查，发现妨碍邻线时，应立即派人按规定防护。如发现邻线有列车开来时，应鸣示紧急停车信号。

40．列车必须分部运行时，司机应如何处理？J369

答：在不得已情况下，列车必须分部运行时，司机应报告前方站（列车调度员），并做好遗留车辆的防溜和防护工作。司机在记明遗留车辆辆数和停留位置后，方可牵引前部车辆运行至前方站。在运行中仍按信号机的显示进行，但在半自动闭塞区间或按电话闭塞法行车时，该列车必须在进站信号机外停车（司机已报告前方站或列车调度员列车为分部运行时除外），将情况通知车站值班员后再进站。

41．在不得已情况下，列车必须退行时，司机应如何行车？J372

答：车辆乘务员或随车机械师（无车辆乘务员或随车机械师时为指派的胜任人员）应站在列车尾部注视运行前方，发现危及行车或人身安全时，应立即使用紧急制动阀（紧急制动装置）或使用列车无线调度通信设备通知司机，使列车停车。

列车退行速度，不得超过 15 km/h。未得到后方站（线路所）车站值班员准许，不得退行到车站的最外方预告标或预告信号机（双线区间为邻线预告标或特设的预告标）的内方。

42．向封锁区间开行救援列车有何规定？J374

答：向封锁区间开行救援列车时，不办理行车闭塞手续，以列车调度员的命令，作为进入封锁区间的许可。

当列车调度电话不通时，应由接到救援请求的车站值班员根据救援请求办理，救援列车以车站值班员的命令，作为进入封锁区间的许可。

司机接到救援命令后，必须认真确认。命令不清、停车位置不明确时，不准动车。

救援列车进入封锁区间后，在接近被救援列车或车列 2 km 时，要严格控制速度，同时，使用列车无线调度通信设备与请求救援的机车司机进行联系，或以在瞭望距离内能够随时停车的速度运行，最高不得超过 20 km/h，在防护人员处或压上响墩后停车，联系确认，并按要求进行作业。

43．列车遇到响墩爆炸声或火炬信号的火光，司机应如何行车？J438

答：响墩爆炸声及火炬信号的火光，均要求紧急停车。停车后如无防护人员，机车乘务人员应立即检查前方线路，如无异状，列车以在瞭望距离内能随时停车的速度继续运行，但最高不得超过 20 km/h。在自动闭塞区间，运行至前方第一架通过（进站）信号机前，如无异状，即可按该信号机显示的要求执行；在半自动或自动站间闭塞区间，经过 1 km 后，如无异状，可恢复正常速度运行。

44．列车制动机进行感度试验时有何要求？C15（"C"表示《铁路机车操作规则》，"15"表示第 15 条。下同）

答：自阀减压 50 kPa（编组 60 辆及 60 辆以上时为 70 kPa）并保压 1 min，全列车必须发生制动作用，并不得发生自然缓解，司机检查制动主管漏泄量，每分钟不得超过 20 kPa；手柄移至运转位后，全列车须在 1 min 内缓解完毕。

45．列车制动机进行安定试验时有何要求？C15

答：自阀施行最大有效减压（制动主管定压 500 kPa 时为 140 kPa，定压 600 kPa 时为 170 kPa），以便检车员检查列车制动机，要求不发生紧急制动，并检查制动缸活塞行程或制动指示器是否符合规定。

46．列车制动机进行简略试验时有何要求？C15

答：制动主管达到规定压力后，自阀减压 100 kPa 并保压 1 min，检查制动主管贯通状态，检车员、车站值班员或车站有关人员检查确认列车最后一辆车发生制动作用；司机检查制动主管漏泄量，每分钟不得超过 20 kPa。

47．列车制动机试验时，司机应做到哪些？C15

答：司机应确认并正确记录充、排风时间，检查制动主管压力的变化情况，并作为本次列车操纵和制动机使用的参考依据。装有列尾装置的列车，进行列尾风压查询；装有防折关装置的机车，注意观察其状态；CCBⅡ、法维莱等微机控制的制动机，注意观察显示屏上充风流量信息。

48．根据《铁路机车操作规则》，列车运行中，司机应遵守哪些容许及限制速度？C21

答：严格遵守每百吨列车质量换算闸瓦压力限制速度，列车限制速度，线路、桥隧、信号容许速度，机车车辆最高运行速度，道岔、曲线及各种临时限制速度，以及LKJ速度控制模式设定的限制速度的规定。

49．操纵内燃机车时，提、回手柄有何要求？C24

答：内燃机车提、回手柄应逐位进行，使牵引电流、柴油机转速稳定变化。负载运行中，当柴油机发生喘振、共振时，司机应及时调整主手柄位置。退回手柄时，主手柄回至"1"位需稍做停留在退回"0"位。

50．内燃机车主手柄退回的过程中，若柴油机转速不下降，司机应如何处理？C24

答：为防止柴油机"飞车"，禁止手柄回"0"位，立即采取停止燃油泵工作、打开燃油系统排气阀、按下紧急停车按钮等措施。

51．电力机车运行通过分相绝缘器时有何要求？C25

答：严禁升起前后两受电弓，一般不应在牵引电动机带负荷的情况下断开主断路器。按"断""合"电标，断开、闭合主断路器（装有自动过分相装置除外）。货物列车若通过分相绝缘器前，列车速度过低时（速度值由铁路局规定），允许快速退回牵引手柄。

52．电力机车运行遇接触网临时停电或异常时有何要求？C25

答：司机要迅速断开主断路器、降下受电弓，立即采取停车措施，检查弓网状态。装有车顶绝缘检测装置的机车，司机要检查确认机车绝缘情况，确认机车绝缘装置故障或绝缘不良时，不得盲目升弓。

53．装有列尾装置的列车在什么情况下，应使用列尾装置对制动主管的压力变化情况进行检查？发现异常时应如何处理？C27

答：装有列尾装置的列车出发前、进站前、进入长大下坡道前和停车站出站后，应使用列尾装置对制动主管的压力变化情况进行检查，发现制动主管的压力异常时，应立即停车，停车后，查明原因妥善处理，并通知就近车站值班员或列车调度员。

54．施行常用制动时，司机应考虑哪些制动因素？ C28

答：施行常用制动时，司机应考虑列车速度、线路坡道、牵引辆数和吨数、车辆种类以及闸瓦压力等条件，保持列车均匀减速，防止列车冲动。

55．列车或单机停留时，有何规定？ C36

答：列车或单机停留时，不准停止柴油机、劈相机及空气压缩机的工作，并保持制动状态。

（1）进站停车时，应注意车站接车人员的手信号。

（2）货物列车应保压停车，直至发车前出站（发车进路）信号机开放或接到车站准备开车的通知后，方能缓解列车制动。

（3）夜间等会列车时，应将机车头灯灯光减弱或熄灭。

（4）中间站停车，有条件时应对机车主要部件进行检查。

（5）机车乘务员必须坚守岗位，不得擅自离开机车。

56．机车乘务员必须具备哪些基本条件？运89（"运"表示《铁路机车运用管理规程》，"89"表示第89条）

答：（1）符合岗位标准要求，司机须取得中华人民共和国铁路机车车辆驾驶证。

（2）敬业爱岗，胜任本职工作。

（3）身体条件符合国家对铁路机车车辆驾驶人员职业健康标准的要求。

（4）具备中专及以上学历，具有良好汉字读写能力并能够熟练运用普通话交流。

附录3 《铁路交通事故调查处理规则》部分

第一章 总则

第一条 为及时准确调查处理铁路交通事故，严肃追究事故责任，防止和减少铁路交通事故的发生，根据《铁路交通事故应急救援和调查处理条例》（国务院令第501号，以下简称《条例》），制定本规则。

第二条 铁路机车车辆在运行过程中发生冲突、脱轨、火灾、爆炸等影响铁路正常行车的事故，包括影响铁路正常行车的相关作业过程中发生的事故；或者铁路机车车辆在运行过程中与行人、机动车、非机动车、牲畜及其他障碍物相撞的事故，均为铁路交通事故（以下简称事故）。

第三条 国家铁路、合资铁路、地方铁路以及专用铁路、铁路专用线等发生事故的调查处理，适用本规则。

第四条 铁道部、铁路安全监督管理办公室（以下简称安全监管办）要加强铁路运输安全监督管理，建立健全铁路交通事故调查处理工作制度，发生事故后应当按照法定的权限和程序，及时组织、参与事故的调查处理。

铁道部、安全监管办的安全监察部门负责铁路交通事故调查处理的日常工作。

铁道部、安全监管办派驻各地的安全监察机构，依据本规则的规定，分别承担铁道部、安全监管办指定的事故调查处理工作。

第五条 铁路运输企业及其他相关单位、个人应及时报告事故情况，如实提供相关证据，积极配合事故调查工作。

第六条 事故调查处理应坚持以事实为依据，以法律、法规、规章为准绳，认真调查分析，查明原因，认定损失，定性定责，追究责任，总结教训，提出整改措施。

第二章 事故等级

第七条 依据《条例》规定，事故分为特别重大事故、重大事故、较大事故和一般事故四个等级。

　　第八条　有下列情形之一的，为特别重大事故：

　　（一）造成 30 人以上死亡。

　　（二）造成 100 人以上重伤（包括急性工业中毒，下同）。

　　（三）造成 1 亿元以上直接经济损失。

　　（四）繁忙干线客运列车脱轨 18 辆以上并中断铁路行车 48 小时以上。

　　（五）繁忙干线货运列车脱轨 60 辆以上并中断铁路行车 48 小时以上。

　　第九条　有下列情形之一的，为重大事故：

　　（一）造成 10 人以上 30 人以下死亡。

　　（二）造成 50 人以上 100 人以下重伤。

　　（三）造成 5 000 万元以上 1 亿元以下直接经济损失。

　　（四）客运列车脱轨 18 辆以上。

　　（五）货运列车脱轨 60 辆以上。

　　（六）客运列车脱轨 2 辆以上 18 辆以下，并中断繁忙干线铁路行车 24 小时以上或者中断其他线路铁路行车 48 小时以上。

　　（七）货运列车脱轨 6 辆以上 60 辆以下，并中断繁忙干线铁路行车 24 小时以上或者中断其他线路铁路行车 48 小时以上。

　　第十条　有下列情形之一的，为较大事故：

　　（一）造成 3 人以上 10 人以下死亡。

　　（二）造成 10 人以上 50 人以下重伤。

　　（三）造成 1 000 万元以上 5 000 万元以下直接经济损失。

　　（四）客运列车脱轨 2 辆以上 18 辆以下。

　　（五）货运列车脱轨 6 辆以上 60 辆以下。

　　（六）中断繁忙干线铁路行车 6 小时以上。

　　（七）中断其他线路铁路行车 10 小时以上。

　　第十一条　一般事故分为一般 A 类事故、一般 B 类事故、一般 C 类事故、一般 D 类事故。

　　第十二条　有下列情形之一，未构成较大以上事故的，为一般 A 类事故：

　　A1．造成 2 人死亡。

　　A2．造成 5 人以上 10 人以下重伤。

　　A3．造成 500 万元以上 1 000 万元以下直接经济损失。

A4. 列车及调车作业中发生冲突、脱轨、火灾、爆炸、相撞，造成下列后果之一的：

A4.1 繁忙干线双线之一线或单线行车中断 3 小时以上 6 小时以下，双线行车中断 2 小时以上 6 小时以下。

A4.2 其他线路双线之一线或单线行车中断 6 小时以上 10 小时以下，双线行车中断 3 小时以上 10 小时以下。

A4.3 客运列车耽误本列 4 小时以上。

A4.4 客运列车脱轨 1 辆。

A4.5 客运列车中途摘车 2 辆以上。

A4.6 客车报废 1 辆或大破 2 辆以上。

A4.7 机车大破 1 台以上。

A4.8 动车组中破 1 辆以上。

A4.9 货运列车脱轨 4 辆以上 6 辆以下。

第十三条 有下列情形之一，未构成一般 A 类以上事故的，为一般 B 类事故：

B1. 造成 1 人死亡。

B2. 造成 5 人以下重伤。

B3. 造成 100 万元以上 500 万元以下直接经济损失。

B4. 列车及调车作业中发生冲突、脱轨、火灾、爆炸、相撞，造成下列后果之一的：

B4.1 繁忙干线行车中断 1 小时以上。

B4.2 其他线路行车中断 2 小时以上。

B4.3 客运列车耽误本列 1 小时以上。

B4.4 客运列车中途摘车 1 辆。

B4.5 客车大破 1 辆。

B4.6 机车中破 1 台。

B4.7 货运列车脱轨 2 辆以上 4 辆以下。

第十四条 有下列情形之一，未构成一般 B 类以上事故的，为一般 C 类事故：

C1. 列车冲突。

C2. 货运列车脱轨。

C3. 列车火灾。

C4. 列车爆炸。

C5．列车相撞。

C6．向占用区间发出列车。

C7．向占用线接入列车。

C8．未准备好进路接、发列车。

C9．未办或错办闭塞发出列车。

C10．列车冒进信号或越过警冲标。

C11．机车车辆溜入区间或站内。

C12．列车中机车车辆断轴，车轮崩裂，制动梁、下拉杆、交叉杆等部件脱落。

C13．列车运行中碰撞轻型车辆、小车、施工机械、机具、防护栅栏等设备设施或路料、坍体、落石。

C14．接触网接触线断线、倒杆或塌网。

C15．关闭折角塞门发出列车或运行中关闭折角塞门。

C16．列车运行中刮坏行车设备设施。

C17．列车运行中设备设施、装载货物（包括行包、邮件）、装载加固材料（或装置）超限（含按超限货物办理超过电报批准尺寸的）或坠落。

C18．装载超限货物的车辆按装载普通货物的车辆编入列车。

C19．电力机车、动车组带电进入停电区。

C20．错误向停电区段的接触网供电。

C21．电气化区段攀爬车顶耽误列车。

C22．客运列车分离。

C23．发生冲突、脱轨的机车车辆未按规定检查鉴定编入列车。

C24．无调度命令施工，超范围施工，超范围维修作业。

C25．漏发、错发、漏传、错传调度命令导致列车超速运行。

第十五条 有下列情形之一，未构成一般 C 类以上事故的，为一般 D 类事故：

D1．调车冲突。

D2．调车脱轨。

D3．挤道岔。

D4．调车相撞。

D5．错办或未及时办理信号致使列车停车。

D6．错办行车凭证发车或耽误列车。

D7．调车作业碰轧脱轨器、防护信号，或未撤防护信号动车。

D8. 货运列车分离。

D9. 施工、检修、清扫设备耽误列车。

D10. 作业人员违反劳动纪律、作业纪律耽误列车。

D11. 滥用紧急制动阀耽误列车。

D12. 擅自发车、开车、停车、错办通过或在区间乘降所错误通过。

D13. 列车拉铁鞋开车。

D14. 漏发、错发、漏传、错传调度命令耽误列车。

D15. 错误操纵、使用行车设备耽误列车。

D16. 使用轻型车辆、小车及施工机械耽误列车。

D17. 应安装列尾装置而未安装发出列车。

D18. 行包、邮件装卸作业耽误列车。

D19. 电力机车、动车组错误进入无接触网线路。

D20. 列车上工作人员往外抛掷物体造成人员伤害或设备损坏。

D21. 行车设备故障耽误本列客运列车 1 小时以上，或耽误本列货运列车 2 小时以上；固定设备故障延时影响正常行车 2 小时以上（仅指正线）。

第十六条　铁道部可对影响行车安全的其他情形，列入一般事故。

第十七条　因事故死亡、重伤人数 7 日内发生变化，导致事故等级变化的，相应改变事故等级。

第三章　事故报告

第十八条　事故发生后，事故现场的铁路运输企业工作人员或者其他人员应当立即向邻近铁路车站、列车调度员、公安机关或者相关单位负责人报告。有关单位和人员接到报告后，应立即将事故情况向企业负责人和事故发生地安全监管办安全监察值班人员报告，安全监管办安全监察值班人员按规定向安全监管办负责人报告。

第十九条　铁路运输企业列车调度员要认真填写《铁路交通事故（设备故障）概况表》（安监报 1），分别向事故发生地安全监管办安全监察值班人员、铁道部列车调度员报告。

事故发生地安全监管办安全监察值班人员接到"安监报 1"或现场事故报告后，要立即填写《铁路交通事故基本情况表》（安监报 3），并向铁道部安全监察司值班人员报告。报告后要进一步了解事故情况，及时补报"安监报 3"。

第二十条　涉及其他安全监管办辖区的事故，发生地安全监管办安全监察值班人员应及时将"安监报3"传送至相关安全监管办的安全监察部门。

第二十一条　铁道部列车调度员接到事故报告后，应及时收取或填写"安监报1"，并立即向值班处长和安全监察司值班人员报告；值班处长、安全监察司值班人员按规定分别向本部门负责人、铁道部办公厅部长办公室报告，由部门负责人向部领导报告。事故涉及其他部门时，由办公厅部长办公室通知相关部门负责人。

第二十二条　发生特别重大事故、重大事故，由铁道部办公厅负责向国务院办公厅报告，并通报国家安全生产监督管理总局等有关部门。

发生特别重大事故、重大事故、较大事故或者有人员伤亡的一般事故，安全监管办应向事故发生地县级以上地方人民政府及其安全生产监督管理部门通报。

第二十三条　事故报告的主要内容：

（一）事故发生的时间、地点、区间（线名、千米、米）、线路条件、事故相关单位和人员。

（二）发生事故的列车种类、车次、机车型号、部位、牵引辆数、吨数、计长及运行速度。

（三）旅客人数，伤亡人数、性别、年龄以及救助情况，是否涉及境外人员伤亡。

（四）货物品名、装载情况，易燃、易爆等危险货物情况。

（五）机车车辆脱轨辆数、线路设备损坏程度等情况。

（六）对铁路行车的影响情况。

（七）事故原因的初步判断，事故发生后采取的措施及事故控制情况。

（八）应当立即报告的其他情况。

第二十四条　事故报告后，人员伤亡、脱轨辆数、设备损坏等情况发生变化时，应及时补报。

第二十五条　事故现场通话按"117"立接制应急通话级别办理。

第二十六条　铁道部、安全监管办、铁路运输企业应向社会公布事故报告值班电话，受理事故报告和举报。

第四章　事故调查

第二十七条　特别重大事故按《条例》规定由国务院或国务院授权的部门组织事故调查组进行调查。

第二十八条 重大事故由铁道部组织事故调查组进行调查。调查组组长由铁道部负责人或指定人员担任，安全监察司、运输局、公安局等部门和铁道部派出机构、相关安全监管办等部门（单位）派员参加。

第二十九条 较大事故和一般事故由事故发生地安全监管办组织事故调查组进行调查。调查组组长由安全监管办负责人或指定人员担任，安全监管办安全监察部门、有关业务处室、公安机关等部门派员参加。

铁道部认为必要时，可以参与或直接组织对较大事故和一般事故进行调查。

第三十条 根据事故的具体情况，事故调查组还可由工会、监察机关有关人员以及有关地方人民政府、公安机关、安全生产监督管理部门等单位派人组成，并应当邀请人民检察院派人参加。事故调查组认为必要时，可以聘请有关专家参与事故调查。

第三十一条 发生一般B类以上、重大以下事故（不含相撞的事故），涉及其他安全监管办辖区时，事故发生地安全监管办应当在事故发生后12小时内发出电报通知相关安全监管办。相关安全监管办接到电报后，应当立即派员参加事故调查组。

第三十二条 自事故发生之日起7日内，因事故伤亡人数变化导致事故等级发生变化，依照《条例》规定由上级机关调查的，原事故调查组应当及时报告上级机关。

第三十三条 事故调查组履行下列职责：

（一）查明事故发生的经过、原因、人员伤亡情况及直接经济损失。

（二）认定事故的性质和事故责任。

（三）提出对事故责任者的处理建议。

（四）总结事故教训，提出防范和整改措施建议。

（五）提交事故调查报告。

第三十四条 事故调查组在事故发生后应当及时通知相关单位和人员；一般B类以上、重大以下的事故（不含相撞的事故）发生后，应当在12小时内通知相关单位，接受调查。

第三十五条 事故调查组到达现场前，组织事故调查组的机关可指定临时调查组组长，组成临时调查组，勘察现场，掌握人员伤亡、机车车辆脱轨、设备损坏等情况，保存痕迹和物证，查找事故线索及原因，做好调查记录，及时向事故调查组报告。

第三十六条 事故调查组到达后,发生事故的有关单位必须主动汇报事故现场真实情况,并为事故调查提供便利条件。事故发生单位的负责人和有关人员在事故调查期间应当随时接受事故调查组的询问,如实提供有关资料和物证。

事故调查组有权向有关单位和个人了解与事故有关的情况,并要求其提供相关文件、资料,有关单位和个人不得拒绝。

第三十七条 事故调查组根据需要,可组建若干专业小组,进行调查取证。

(一)搜集事故现场物证、痕迹,测量并按专业绘制事故现场示意图,标注现场设备、设施、遗留物的名称、尺寸、位置、特征等。

需要搬动伤亡者、移动现场物体的,应做出标记,妥善保存现场的重要痕迹、物证;暂时无法移动的,应予守护,并设明显标志。

(二)询问事故当事人及相关人员,收取口述、笔述、笔录、证照、档案,并复制、拍照。不能书写书面材料的,由事故调查组指定人员代笔记录并经本人签认。无见证人或者当事人、相关人员拒绝签字的,应当记录在案。

(三)对事故现场全貌、方位、有关建筑物、相关设备设施、配件、机动车、遗留物、致害物、痕迹、尸体、伤害部位等进行拍照、摄像。及时转储、收存安全监控、监测、录音、录像等设备的记录。

(四)收取伤亡人员伤害程度诊断报告、病理分析、病程救治记录、死亡证明、既往病历和健康档案资料等。

(五)对有涂改、灭失可能或以后难以取得的相关证据进行登记封存。

(六)查阅有关规章制度、技术文件、操作规程、调度命令、作业记录、台账、会议记录、安全教育培训记录、上岗证书、资质证书、承(发)包合同、营业执照、安全技术交底资料等,必要时将原件或复印件附在调查记录内。

(七)对有关设备、设施、配件、机动车、器具、起因物、致害物、痕迹、现场遗留物等进行技术分析、检测和试验,组织笔迹鉴定,必要时组织法医进行尸表检验或尸体解剖,并写出专题报告。

(八)脱轨事故发生后,在全面调查的基础上,必要时应对事故地点前后一定长度范围内的线路设备进行检查测量,并调阅近期内该段线路质量检测情况;对事故地点前方(列车运行相反方向)一定长度的线路范围内,有无机车车辆配件脱落、刮碰行车设备的痕迹等进行检查,对脱轨列车中有关的机车车辆进行检查测量,并调阅脱轨机车车辆近期内运行情况监测记录。

第三十八条 事故调查中需要对相关的铁路设备、设施进行技术鉴定或者对财产损失状况以及中断铁路行车造成的直接经济损失进行评估的,事故调查组应当委托具有国家规定资质的机构进行技术鉴定或者评估。技术鉴定或者评估所需时间不计入事故调查期限。

第三十九条　各专业小组应按调查组组长的要求,及时提交专业小组调查报告。调查组组长应组织审议专业小组调查报告,并研究形成《铁路交通事故调查报告》,由调查组所有成员签认。调查组成员意见不一致时,应在事故报告中分别进行表述,报组织调查的机关审议、裁定。

第四十条　事故调查中发现涉嫌犯罪的,事故调查组应当及时将有关证据、材料移交司法机关。

附录4　相关术语及名词解释

1. **机班**

由两名司机轮换驾驶机车作业或一名司机、一名副司机等两人及其以上人员共同值乘作业的班组。

2. **司机**

持有铁道部或国家铁路局颁发的电力机车驾驶证，在本乘务机班担任司机职务并驾驶机车作业的人员。一位司机是指负有领导本机班乘务作业职责的司机；二位司机（副司机）是指协助一位司机共同完成乘务作业的司机。操纵司机是指担当驾驶机车作业的司机；非操纵司机是指等待换班进行驾驶机车作业的司机。

3. **副司机**

持有国家铁路局颁发的电力机车副司机证，在本乘务机班担任副司机职务协助司机作业的人员。

4. **人身安全要求**

机车乘务员在按本岗位作业标准进行作业时，应遵守的人身安全要求。

5. **出勤及接车作业**

出勤：在本段或外段的调度室、派班室等处所的出勤作业。
接车作业：本、外段内或车站的接班值乘作业。

6. **出段及发车作业**

出段：指出本段（所）作业，在外段（所）的作业参照执行。
发车作业：列车始发站或继乘接班站、中间站换挂的发车作业。

7．机车交路终点站及入段作业

机车交路终点站：机车到达列车终点站或到达机车换挂站，需摘机入段。

入段作业：机车入本段的作业，入外段作业时参照执行。

8．退勤作业

退勤作业是指在本段的退勤作业，在外段、外点、公寓等处所的退勤参照执行。

9．重联机车、附挂机车

重联机车：是指挂在本务机车后部符合机车运用标准，根据需要，可以提供辅助牵引力的机车。

附挂机车：根据运输、检修、回送等需要，挂于本务机车后部的机车。

10．车机联控

车机联控是指车务、机务等行车有关人员使用列车无线调度通信设备，按规定联络，提示行车安全信息、确认行车要求的互控方式。

11．限速车机联控站的顺序

限速地点在区间内，关系站为区间的两端站；限速地点在车站站内或站内跨区间，关系站为限速地点车站和相邻车站。

限速地点在区间或站内跨区间：限速地点来车方向的第二个车站→限速地点来车方向的第一个关系站→限速地点站。

限速地点在区间：限速地点来车方向的第二个车站→限速地点来车方向的第一个关系站。

12．机车车辆

机车车辆包括铁路机车、客车、货车、动车、动车组及各类自轮运转特种设备等。

自轮运转特种设备：是指在铁路营业线上运行的轨道车及铁路施工维修专用车辆（包括轨道起重机、架桥机、铺轨机、接触网架线车、放线车检修车、大型养路机械等）。

13．列车

列车是指编成的车列并挂有机车及规定的列车标志。单机、自轮运转特种设备，虽未完全具备列车条件，也应按列车办理。

14．客运列车、货运列车

客运列车：是指旅客列车（含动车组）、按客车办理的回送空客车车底及其他列车。

货运列车：是指客运列车以外的其他列车。

军用列车除有特殊通知外，均视为货运列车。

15．列车事故及调车事故

列车与其他调车作业的机车车辆等互相冲撞而发生的事故，定列车事故。列车在站内以调车方式进行摘挂或转线而发生事故，定调车事故。

客运列车或客运列车摘下本务机车后的车列，被货运列车、机车车辆冲撞造成的事故，以及客运列车在中途站进行摘挂（包括摘挂本务机车）或转线作业发生的事故，均定客运列车事故。

区间调车作业、机车车辆溜入区间，发生冲突、脱轨事故时，定列车事故。在封锁区间内调车作业发生事故，定调车事故。

16．运行过程中

运行过程中是指铁路机车车辆运行的全过程，也包括在其运行中的停车状态。

17．行人

行人是指在铁路线路上行走、停留的自然人（包括有关铁路作业人员）。

18．其他障碍物

其他障碍物是指侵入铁路限界及线路，并影响铁路行车的动态及静态物体。

19．相撞

相撞是指铁路机车车辆在运行过程中与行人、机动车、非机动车、牲畜及其他障碍物相互碰、撞、轧，造成人员伤亡、设备设施损坏。

20．冲突

冲突是指列车、机车车辆互相间或与轻型车辆、设备设施（如车库、站台、车挡等）发生冲撞，致使机车车辆、轻型车辆、设备设施等破损。在列车运行中由于人为失职或设备不良等原因，将车辆挤坏或拉坏构成中破及其以上程度，或在调车作业中由于人为失职或设备不良等原因,将车辆挤坏或拉坏构成大破以上程度时,也按冲突论。

由于机车车辆冲撞造成货物窜动将车辆撞坏、挤坏时,定冲突事故,并根据所造成的后果,确定事故等级。

21．脱轨

脱轨是指机车车辆的车轮落下轨面(包括脱轨后又自行复轨),或车轮轮缘顶部高于轨面(因作业需要的除外)。

每辆(台)只要脱轨1轮,即按1辆(台)计算。

22．列车发生火灾

列车发生火灾是指列车起火造成机车车辆破损影响行车设备设施正常使用,或发生人员伤亡、货物、行包烧毁等。

23．列车发生爆炸

列车发生爆炸是指机车车辆在运行过程中发生爆炸,造成其设备损坏,墙板、车体变形或出现孔洞,影响正常行车。

24．正线

正线是指连接车站并贯穿或直股伸入车站的线路。

25．繁忙干线

繁忙干线是指京哈(不含沈山线)、京沪、京广、京九(含广州至深圳段)、陇海、沪昆(不含株洲至昆明段)线及客运专线。

繁忙干线单线是指连接繁忙干线的联络线。

26．其他线路

其他线路是指繁忙干线以外的线路。

新交付使用的线路等级分类,在交付时公布。

在连接不同等级线路的车站发生事故时,按繁忙干线算。

27．中断铁路行车

中断铁路行车是指无论事故发生在区间或站内,造成铁路单线,双线区间或双线区间之一线不能行车。中断行车的时间，由事故发生时间起（列车火灾或爆炸由停车时间算起）至恢复客货列车原牵引方式连续通行时止。如列车能在站内其他线通行，又回到原正线上进入区间的，不按中断行车算。

施工封锁区间发生冲突或脱轨的行车中断时间，从事故发生前原计划开通的时间起计算。

28．耽误列车

耽误列车是指列车在区间内停车；通过列车在站内停车；列车在始发站或停车站晚开、在运行过程中超过图定的时间（局管内）或调度员指定的时间；列车停运、合并、保留。

29．客运列车中途摘车

客运列车中途摘车是指编挂在客运列车中的车辆发生冲突、脱轨、火灾、爆炸、相撞未达到中破及以上程度，不能运行，必须在途中摘下（不包括始发站和终到站）。

30．占用区间

占用区间是指区间内已进入列车；区间已被列车取得占用的许可（包括准许时间内未收回的出站、跟踪调车凭证）；封锁的区间；区间内有停留或溜入的机车车辆、施工作业车辆，列车发出后溜入的也算；发出进入正线的列车而区间内道岔向岔线开通；邻线已进入禁止在区间交会的列车。

列车前端越过出站信号机或警冲标即算。

办理越出站界调车后，没有取消手续，也没有办理列车闭塞手续，就用该调车手续将列车开出，也按本项论。

31．占用线

占用线是指车站内已办理进路的线路或停有机车车辆的线路或已封锁的线路。列车前端越过进站（进路）信号机或站界标即构成"向占用线接入列车"

32．进路及未准备好进路

进路是指接入停车列车时，由进站信号机起至接车线末端计算该线有效长度的警冲标或出站信号机止的一段线路；发出列车时，由列车前端起至相对进站信号机或站界标为止的一段线路；通过列车时，为该列车通过线两端进站信号机或站界标间的一段线路。

未准备好进路是指进路上的道岔未扳、错扳、临时扳动或错误转动；进路上有轻型车辆（包括拖车）、小车及其他能造成脱轨的障碍物（不包括其他交通车辆）；邻线的机车车辆越过警冲标；违反《铁路技术管理规程》禁止办理相对方向同时接车和同方向同时发接列车的规定而办理同时接车或发接列车；超限列车（包括挂有超限货物车辆的列车）、客运列车由于错误办理造成进入非固定股道。接人停车或通过的列车，列车前端进入进站（进路）信号机或站界标以及发出的列车启动均算。

设有进路信号机的车站，分段接发列车时，按分段算。如果每段都发生，每段各定1件事故；如果一次准备的全通路，为一个进路，定1件事故。凡由于信号联锁条件错误或有关人员违章作业，致使信号错误升级显示进行信号或强行开放进行信号，造成耽误列车或列车已按错误显示的进行信号运行，虽未造成后果，均定事故。

33．未办或错办闭塞发出列车

未办或错办闭塞发出列车是指未和邻站、线路所、车场办理闭塞手续，或办理闭塞的区间与列车运行的区间不一致而发出的列车。列车前端越过出站信号机（包括线路所通过信号机）或警冲标即构成。客运列车，错办闭塞的区间虽与列车的运行区间一致，也按本项论。

没有调度命令，擅自改变或错办列车运行径路，也按本项论。

未按规定办理手续而越出站界调车时，也按本项论。

34．列车冒进信号或越过警冲标

列车冒进信号或越过警冲标是指列车前端任何一部分越过地面固定信号显示的停车信号；停车列车越过到达线末端计算该线有效长度的警冲标或轧上线路脱轨器（是指用于接发列车起隔开作用的脱轨器）时也算。双线区间反方向运行，列车冒进站界标，也按本项论。在制动距离内，由于误碰、错办或维修设备，致使临时变更信号显示、信号关闭或临时灭灯，造成列车冒进信号时，无论联锁条件是否解锁，也按本项论。

在制动距离内信号自动关闭或临时灭灯，在进路联锁条件不解锁的情况下，列车冒进信号时，不按本项论。

35．机车车辆溜入区间或站内

机车车辆溜入区间或站内是指以进站信号机或站界标为界，机车车辆由站内溜入区间或由区间、专用线溜入站内，在区间线内停留的机车车辆溜往正线越过警冲标，也按本项论。

36．断轴

机车车辆出段、出厂或由固定停放地点开出后，发生即算。列车中的车辆在运行、停留或始发、到达检查时发现即算。

37．关闭折角塞门发出列车或运行中关闭折角塞门

列车前端越过出站信号机或警冲标即算。
采用双管供风的列车因错接风管发出列车，按本项论。

38．电力机车、动车组带电进入停电区

电力机车、动车组带电进入停电区是指电力机车、动车组未降断电进入已经停电的接触网区。

39．发生冲突、脱轨的机车车辆，未经检查鉴定编入列车运行

未按规定通知检查或未按规定检查，擅自编入列车，按本项论。

40．自轮运转设备

无须铁路货车装运，能依靠自有轮对在铁路上运行，但须按货物向铁路办理托运手续的机械和设备。包括编入列车的自轮运转特种设备、无火回送机车等。

41．无调度命令施工，超范围施工，超范围维修作业

包括未按规定在车站登记要点进行施工、维修作业的，施工点前超范围准备的，未按规定施工维修作业内容进行作业的，均按本项论。

42．漏发、错发、漏传、错传调度命令导致列车超速运行

列车运行监控装置未输或错输限速指令、机车出库后司机未接到线路限速命令，致使列车超过规定限速运行，按本项论。

43. 挤道岔

挤道岔是指车轮挤过或挤坏道岔。

44. 错办或未及时办理信号导致列车停车

错办或未及时办理信号导致列车停车是指因办理不及时或忘办、错办信号使列车在站外或站内停车；禁止同时接车的车站或不准同时接入站内的列车，误使两列车均在站外停车；接发列车人员未及时或错误显示手信号，使列车停车。

45. 错误办理行车凭证发车或耽误列车

错误办理行车凭证发车或耽误列车是指与邻站已办妥闭塞手续，但由于未交、错交、未拿、错拿、漏填、错填行车凭证；自动闭塞、自动站间闭塞、半自动闭塞区间未开放出站（进路）信号机发车或耽误列车。

行车凭证交与司机显示发车手信号后（车站直接发车时为发车人员示手信号后），发现行车凭证错误，也为错误办理行车凭证发车。

填写的行车凭证，错填、漏填电话记录号码、车次、区间、地点时，按本自动闭塞论。

自动站间闭塞、半自动闭塞区间未开放出站（进路）信号，列车启动停车未越过信号机或警冲标时，视同一般 D 类事故情形。通过关闭的停车信号或警冲标时，视同一般 C 类事故情形。

46. 调车作业碰轧脱轨器、防护信号或未撤防护信号动车

脱轨器：是指固定脱轨器及移动脱轨器。

防护信号：是指防护施工、装卸及机车车辆检修整备作业的固定信号或移动信号。

机车车辆碰上、轧上脱轨器或防护信号即算。对插有停车信号的车辆，碰上车钩及未撤防护信号动车，按本项论。

47. 施工、检修、清扫设备耽误列车

如因特殊情况需要延长施工时间时，须提前通知车站值班员、列车调度员，经列车调度员承认后（发布调度命令）耽误列车时，不定事故。

施工、检修、清扫设备人员躲避不及时，造成列车停车，按本项论。

48．滥用紧急制动阀耽误列车

滥用紧急制动阀耽误列车是指违反《铁路技术管理规程》规定使用紧急制动阀。

49．擅自发车、开车、停车、错办通过或在区间乘降所错办通过

擅自发车：是指车站发车人员未确认出站信号直接发车。

擅自开车：是指司机未得到车站发车人员的发车信号而开车。

擅自停车：是指在正常情况下，不应停车而停车。

错办通过：是指应停车的客运列车而错办通过（不包括列车调度员按照列车运行情况临时调整变更通过的列车）。

50．错误操纵、使用行车设备耽误列车

错误操纵、使用行车设备耽误列车是指作业人员违反操作规程耽误列车或使用方法不当造成机车车辆等行车设备损坏耽误列车。

51．列车运行中碰撞轻型车辆

列车运行中碰撞轻型车辆、小车、施工机械、机具、防护栅栏等设备设施或路料、坍体、落石、刮上、碰上或轧上即算一般C类事故。

小车：是指人工推行的作业车、检测车、梯车等。

路料：是指钢轨、道、轨枕、道口铺面板等。

施工机械：是指起道机、捣固机、螺栓紧固机、弯轨器、撞轨器、切轨机、轨缝调整器、拨道器等。

机具：是指施工、维修作业中使用的动力扳手、撬杠等。

列车运行中碰撞道未造成机车车辆损坏或人员伤亡，不按本项论。

52．应安装列尾装置而未安装发出列车

有规定或调度命令的不按本项论。

53．行包、邮件装卸作业耽误列车

行包、邮件装卸作业耽误列车是指在装卸作业过程中因组织不当耽误列车；包括超载偏载、侵限或机动车（包括平板车）侵限、掉进股道抢越平过道耽误列车。

54．作业人员伤亡

作业人员伤亡是指在铁路行车相关作业过程中发生的，与企业管理、工作环境、劳动条件、生产设备等有关的，违反劳动者意愿的人身伤害，含急性工业中毒导致的伤害。

55．作业过程

作业过程是指作业人员在本职工工作岗位上或领导临时指派的工作岗位上，在工作时间内，从事铁路企业生产经营活动的全过程。作业人员请假离开、返回工作岗位、下班离岗、退勤活动的全过程。尚未离开其作业场所的，均视为作业过程。

56．工作时间

工作时间是指原则上以现行各种班制、乘务交路规定的工作时间和铁路综合计算工时工作制为依据。若不在规定的工作时间内，但属于因生产经营、工作需要而临时占用的时间，也视为工作时间。

57．事故伤害损失工作日

事故伤害损失工作日是指作业人员在事故中导致伤残、死亡，造成劳动能力损失的程度，以工作日为度量单位。"事故伤害损失工作日"与实际歇工天数不同。确定某种伤害的事故伤害损失工作日数的具体数值，应以《事故伤害损失工作日标准》（GB/T 15499—1995）为依据查定。

58．作业人员重伤

作业人员重伤是指造成作业人员肢体残缺或某些器官受到严重损伤，致使人体长期存在功能障碍或劳动能力有重大损失的伤害。按照《事故伤害损失工作日标准》（GB/T 15499—1995）查定，其伤害部位及受伤害程度对应的事故伤害损失工作日或多处负伤其损失工作日合并计算等于或超过 300 个工作日的，属于重伤。该标准未做规定的，按实际歇工天数确定，实际歇工天数超过 299 天的，按 299 天统计；各伤害部位计算数值超过 6 000 天的，按 6 000 天统计。作业人员死亡，其事故伤害损失工作日按 6 000 个工作日统计。

59．急性工业中毒事故

急性工业中毒事故是指生产性毒物一次或短期内，通过人的呼吸道、消化道或皮肤大量进入人体体内，使人体在短时间内发生病变，导致中断工作，须进行急救处理，甚至死亡的事故。中毒程度通常分为轻度、中度和重度中毒。按照有关规定，凡是住院治疗的急性工业中毒，均按重伤报告、统计和处理。

60．伤亡人数发生变化

伤亡人数发生变化是指轻伤发展成重伤，重伤发展成死亡，以及伤亡人数发生变化等情况。

61．作业人员

作业人员是指参加铁路行车相关作业的所有从业人员，含已参加铁路企业生产经营活动，与铁路用人单位形成事实劳动关系的人员。

62．职业禁忌证

职业禁忌证是指某个工作岗位因其特殊性而对从业人员患有的可能造成事故的疾病作出限制的范围。如视力减退对于机车乘务员；恐高症、高血压对于电力工、架子工；高血压、心脏病对于巡道工、调车人员等均属职业禁忌证。

63．事故责任待定

事故责任待定是指事故原因、责任尚未查清，需待认定的情况。事故件数暂时统计在发生月，若最后认定为非责任事故，则予以变更。

64．人员失踪

人员失踪是指发生事故后找不到尸体，如在河流湖泊中沉溺、泥石流中掩埋等，与出走不归等情况不同，无需经法院认定。

65．交叉作业

交叉作业是指分别属于两个或两个以上企业的作业区域相互重叠，从业人员在同一作业场所各自作业，包括铁路作业人员在专用线内取送车等作业。

66．因正常手术治疗而加重伤害程度

因正常手术治疗而加重伤害程度是指从业人员在事故中受伤后，为避免伤势恶化而必须实施截肢、器官摘除等手术措施，致使伤害程度加重的情况。（见《事规》附件）

附录 5　车机联控作业标准

1．作业人员

1.1　呼叫人

在车机联控作业中首先进行呼叫的一方。

1.2　被呼叫人

在车机联控作业中被呼叫后进行应答的一方。

1.3　复诵人

在车机联控作业中被呼叫或回应（应答）后进行重复应答的一方。

2．基本要求

2.1　车机联控应使用普通话，做到用语准确、吐字清晰。

2.2　执行车机联控时遇数字"0""1""2""7"可读"dòng（洞）""yāo（幺）""liǎng（两）""guǎi（拐）"，但车次首位为"0"或车次首位及第二位均为"0"时，应发"零"音。旅客列车车次中的"G""C""D""Z""T""K""L""Y""F"分别读"高""城""动""直""特""快""临""游""返"，动车组列车以外的旅客列车在车次前冠以"客车"。"DJ""X"分别读"动检""行（读 xíng）"。

2.3　一站多场的车站，车机联控用语在"×道"前增加"×场"。如淄博站客运车场呼叫为"××（站）客专（场）"，莱阳站Ⅰ场呼叫为"莱阳（站）Ⅰ场"。淄博站货运车场呼叫为"××（站）"，城阳胶济场呼叫为"城阳（站）"，莱阳站Ⅱ场呼叫为"莱阳（站）"，临淄站货运车场设置Ⅰ、Ⅱ场，呼叫为"临淄（站）×场"。

列车经过同一车站（场）值班员室控制的多个车场（股道）和列车只经过车站一端咽喉直接出站时，联控用语在《站细》中规定。

2.4　遇下列情况列车司机应与车站值班员联系：

2.4.1　发现进站（进路）信号显示与本列经由进路不符时；

2.4.2　发现出站信号、进路表示器显示与本列运行方向不符时；

2.4.3　发现列车制动机失效或有关闭折角塞门现象时；

2.4.4　发现影响本列及其他列车运行安全时。

2.5　遇下列情况列车司机应与车辆乘务员（随车机械师）联系：

2.5.1　发现列车制动机失效或有关闭折角塞门现象时；

2.5.2　发现影响本列及其他列车运行安全时。

2.6　在规定时机，被呼叫人未收到呼叫人联控，应主动补控。

2.7　因劳动组织和作业方法不同，由车站值班员执行的联控用语可按岗位职责规定由有关岗位人员执行。

2.8　联控用语中，〇内的字可省略，[　]内的字与加粗字根据实际情况选择。

3．作业要求

3.1　接车

3.1.1　正常接车：正常接车的呼叫时机和联控用语应符合附表5.1的规定。

附表5.1　正常接车的呼叫时机和联控用语

呼叫时机	联控用语		
	作业人	列车司机	车站值班员
自动闭塞区段，列车接近第一接近通过信号机或规定的呼叫点；半自动闭塞区段（自动站间闭塞、双线反方向行车时），列车在规定的呼叫点	呼叫人	××（站）××（次）接近	—
	被呼叫人	—	××（次）××（站）×道**通过**[停车]
	复诵人	××（次）×道**通过**[停车]，司机明白	—
一端有两个及两个以上运行方向的车站（车场、线路所），列车通过时应在联控用语后增加"去××方向"。能够接收列车进路预告信息时不联控。			

3.1.2　通过列车变为停车：通过列车变为停车的呼叫时机和联控用语应符合附表5.2的规定。

附表5.2　通过列车变为停车的呼叫时机和联控用语

呼叫时机	联控用语		
	作业人	车站值班员	列车司机
列车接近前	呼叫人	××（次）××（站）×道停车	—
	被呼叫人	—	××（次）×道停车，司机明白

3.1.3 原规定为通过的旅客列车由正线变更为到发线接车：原规定为通过的旅客列车由正线变更为到发线接车的呼叫时机和联控用语应符合附表 5.3 的规定。

附表 5.3　原规定为通过的旅客列车由正线变更为到发线接车的呼叫时机和联控用语

呼叫时机	联控用语		
	作业人	车站值班员	列车司机
列车接近前	呼叫人	××（次）××（站）变更×道通过［停车］	—
	被呼叫人	—	××（次）××（站）变更×道通过［停车］，司机明白
一端有两个及两个以上运行方向的车站（车场、线路所），列车通过时应在联控用语后增加"去××方向"。			

3.1.4 列车直进侧出（固定径路除外）：列车直进侧出的呼叫时机和联控用语应符合附表 5.4 的规定。

附表 5.4　列车直进侧出的呼叫时机和联控用语

呼叫时机	联控用语		
	作业人	车站值班员	列车司机
列车接近前	呼叫人	××（次）××（站）×道通过，直进侧出	—
	被呼叫人	—	××（次）×道通过，直进侧出，司机明白
一端有两个及两个以上运行方向的车站（车场、线路所），应在联控用语后增加"去××方向"。 未应用列车运行监控装置的区段，应在联控用语后增加"限速××公里"（"限速××公里"的取值，为列车出站进路上辙叉号数最小的道岔侧向运行允许速度值）。 "固定径路"是指运输类 LKJ 基础数据中"线路线编号为二线（多线）交汇车站通过列车径路表"公布的径路。			

3.1.5 列车通过，出站反方向行车：列车通过，出站反方向行车的呼叫时机和联控用语应符合附表 5.5 的规定。

附表 5.5　列车通过，出站反方向行车的呼叫时机和联控用语

呼叫时机	联控用语		
	作业人	车站值班员	列车司机
列车接近前	呼叫人	××（次）××（站）×道通过，反方向运行	—
	被呼叫人	—	××（次）×道通过，反方向运行，司机明白
侧向出站时，应在联控用语后增加"侧向出站，限速××公里"（"限速××公里"的取值，为列车出站进路上辙叉号数最小的道岔侧向运行允许速度值，遇最小的道岔侧向运行允许速度值高于车载LKJ限速值时，司机按LKJ限速值控车）。一端有两个及两个以上运行方向的车站（车场、线路所），应在联控用语后增加"去××方向"			

3.1.6　列车临时机外停车：列车临时机外停车的呼叫时机和联控用语应符合附表 5.6 的规定。

附表 5.6　列车临时机外停车的呼叫时机和联控用语

呼叫时机	联控用语		
	作业人	车站值班员	列车司机
列车接近前	呼叫人	××（次）××（站）机外［×接车进路信号机外］停车	—
	被呼叫人	—	××（次）××（站）机外［×接车进路信号机外］停车，司机明白
多车场车站，场间接车进路信号机外停车时，联控"×场机外停车"。			

3.1.7　呼叫机外停车后接车：呼叫机外停车后接车的呼叫时机和联控用语应符合附表 5.7 的规定。

附表 5.7　呼叫机外停车后接车的呼叫时机和联控用语

呼叫时机	联控用语		
	作业人	车站值班员	列车司机
已呼叫司机机外停车，信号开放后	呼叫人	××（次）进站［接车进路］信号好（了），×道通过［停车］	—
	被呼叫人	—	××（次）进站［接车进路］信号好（了），×道通过［停车］，司机明白
一端有两个及两个以上运行方向的车站（车场、线路所），列车通过时应在联控用语后增加"去××方向"			

3.1.8　车站引导接车：车站引导接车的呼叫时机和联控用语应符合附表 5.8 的规定。

附表 5.8　车站引导接车的呼叫时机和联控用语

呼叫时机	联控用语		
	作业人	车站值班员	列车司机
列车接近前	呼叫人	××（次）××（站）引导接车，×道停车［通过］，注意引导信号	—
	被呼叫人	—	××（次）××（站）引导接车，×道停车［通过］，司机明白
一端有两个及两个以上运行方向的车站（车场、线路所），列车通过时应在联控用语后增加"去××方向"。若用手信号引导列车进站，"注意引导信号"应为"注意引导手信号"。			

3.1.9　旅客列车技术停车变为通过：旅客列车技术停车变为通过的呼叫时机和联控用语应符合附表 5.9 的规定。

附表 5.9　旅客列车技术停车变为通过的呼叫时机和联控用语

呼叫时机	联控用语		
	作业人	车站值班员	列车司机
列车接近前	呼叫人	××（次）××（站）取消技术停车，×道通过	—
	被呼叫人	—	××（次）××（站）取消技术停车，×道通过，司机明白
一端有两个及两个以上运行方向的车站（车场、线路所），应在联控用语后增加"去××方向"。			

3.1.10　通过（到开）列车车次变更：通过（到开）列车车次变更的呼叫时机和联控用语应符合附表 5.10 的规定。

附表 5.10　通过（到开）列车车次变更的呼叫时机和联控用语

呼叫时机	联控用语		
	作业人	列车司机	车站值班员
自动闭塞区段，列车接近第一接近通过信号机或规定的呼叫点；半自动闭塞区段（自动站间闭塞、双线反方向行车时），列车在规定的呼叫点	呼叫人	××（站）××（次）接近	—
	被呼叫人	—	××（次）××（站）×道通过[停车]，变开××（次）
	复诵人	××（次）×道通过[停车]，变开××（次），司机明白	—

本表中车次变更仅指因上下行行别变化引起的车次变更，不含列车终到站后再开的车次变更。
旅客列车使用复车次，到开时不通知司机"变开××（次）"。
一端有两个及两个以上运行方向的车站（车场、线路所），列车通过时应在联控用语后增加"去××方向"。

3.1.11　使用列车无线调度通信设备转达"改按天气恶劣难以辨认信号的办法行车"的调度命令：使用列车无线调度通信设备转达"改按天气恶劣难以辨认信号的办法行车"的调度命令的呼叫时机和联控用语应符合附表 5.11 的规定。

附表 5.11　使用列车无线调度通信设备转达"改按天气恶劣难以辨认信号的办法行车"
的调度命令的呼叫时机和联控用语

呼叫时机	联控用语		
	作业人	车站值班员	列车司机
列车接近前	呼叫人	××（次），调度命令××号，××（站）至××（站）改按天气恶劣难以辨认信号办法行车	—
	被呼叫人	—	调度命令××号，××（站）至××（站）改按天气恶劣难以辨认信号办法行车，××（次）司机明白，司机（姓名）×××

3.2　发车

3.2.1　正常发车

3.2.1.1　发车进路一次排通时发车：发车进路一次排通时发车的呼叫时机和联控用语应符合附表 5.12 的规定。

附表 5.12　发车进路一次排通时发车的呼叫时机和联控用语

呼叫时机	联控用语		
	作业人	车站值班员	列车司机
出站信号开放后，或发车进路及出站信号均开放后	呼叫人	××（次）×道出站［发车进路］信号好（了）	—
	被呼叫人	—	××（次）×道出站［发车进路］信号好（了），司机明白
一端有两个及两个以上运行方向的车站（车场、线路所），应在联控用语后增加"去××方向"。 双线反方向发车时，发车进路必须一次排通，用语为"××（次）×道反方向出站［发车进路］信号好（了）"			

3.2.1.2　分段排列发车进路时发车：分段排列发车进路时发车的呼叫时机和联控用语应符合附表 5.13 的规定。

附表 5.13　分段排列发车进路时发车的呼叫时机和联控用语

呼叫时机	联控用语		
	作业人	车站值班员	列车司机
发车进路信号开放后，前方进路或出站信号关闭	呼叫人	××（次）×道发车进路信号好（了），前方出站［×进路］信号机关闭	
	被呼叫人	—	××（次）×道发车进路信号好（了），前方出站［×进路］信号机关闭，司机明白
一端有两个及两个以上运行方向的车站（车场、线路所），应在区分运行方向的信号机开放后，在"××（次）×道发车进路信号好（了）"联控用语后增加"去××方向"			

3.2.1.3　分段排列发车进路时，发车后，后续进路办理好：分段排列发车进路时，发车后，后续进路办理好的呼叫时机和联控用语应符合附表 5.14 的规定。

附表 5.14　分段排列发车进路时，发车后，后续进路办理好的呼叫时机和联控用语

呼叫时机	联控用语		
	作业人	车站值班员	列车司机
当前出站信号开放后	呼叫人	××（次）出站信号好（了）	—
	被呼叫人	—	××（次）出站信号好（了），司机明白

续表

呼叫时机	联控用语		
	作业人	车站值班员	列车司机
当前进路信号开放、前方出站（进路）信号关闭	呼叫人	××（次）×进路信号好（了），前方出站［×进路］信号机关闭	—
	被呼叫人	—	××（次）×进路信号好（了），前方出站［×进路］信号机关闭，司机明白
当前进路信号及后续进路、出站信号均开放后	呼叫人	××（次）×进路信号好（了），前方出站信号机已开放	—
	被呼叫人	—	××（次）×进路信号好（了），前方出站信号机已开放，司机明白
一端有两个及两个以上运行方向的车站(车场、线路所)，应在区分运行方向的信号机开放后，在"××（次）出站信号好（了）"或"××（次）×进路信号好（了）"联控用语后增加"去××方向"			

3.2.2 非正常情况发车：非正常情况发车的呼叫时机和联控用语应符合附表 5.15 的规定。

附表 5.15 非正常情况发车的呼叫时机和联控用语

呼叫时机	联控用语		
	作业人	车站值班员	列车司机
发车进路准备妥当并交付行车凭证后	呼叫人	××（次）×道发车进路好（了）	—
	被呼叫人	—	××（次）×道发车进路好（了），司机明白
一端有两个及以上运行方向的车站（车场、线路所），应在联控用语后增加"去××方向"。 双线反方向发车时，联控用语为："××（次）×道反方向发车进路好（了）"，分段排列发车进路时比照 3.2.1.2、3.2.1.3 联控			

3.2.3 使用列车无线调度通信设备发车：使用列车无线调度通信设备发车的呼叫时机和联控用语应符合附表 5.16 的规定。

附表 5.16 使用列车无线调度通信设备发车的呼叫时机和联控用语

呼叫时机	联控用语		
	作业人	车站值班员	列车司机
语音记录装置良好的车站，使用列车无线调度通信设备发车时，列车具备发车条件后	呼叫人	××（次）司机，××（站）［××（站）×场］×道发车	—
	被呼叫人	—	××（站）［××（站）×场］，××（次），×道发车，司机明白

3.3 列车经过限速地段

3.3.1 已纳入运行揭示的临时限速：已纳入运行揭示的临时限速的呼叫时机和联控用语应符合附表 5.17 的规定。

附表 5.17 已纳入运行揭示的临时限速的呼叫时机和联控用语

呼叫时机	联控用语		
	作业人	车站值班员	列车司机
列车接近前	呼叫人	××（次）××（站）×道通过［停车］，站内限速××公里［区间××公里××米限速××公里］	—
	被呼叫人	—	××（次）××（站）×道通过［停车］，站内限速××公里［区间××公里××米限速××公里］，司机明白

"区间××公里××米"是指列车运行方向限速起始点。区间有多处限速时，分别联控。
站内、区间均有限速（不含站内跨区间），联控用语为"站内限速××公里，区间××公里××米限速××公里"。如站内同时有多处不同速度值限速地段时，按低值联控。
遇有站内跨区间连续限速时，按照限速区段起止里程联控："××公里××米至××公里××米限速××公里"。站内跨区间包括含区间跨站内、区间跨站内再跨区间、站内跨区间再跨站内。
联控不上时，车站应及时关闭信号；无论信号是否开放，列车司机都须在进入限速地段前停车联系。
一端有两个及两个以上运行方向的车站（车场、线路所），列车通过时应在联控用语后增加"去××方向"。发车作业时比照执行

3.3.2 未纳入运行揭示的临时限速：未纳入运行揭示的临时限速的呼叫时机和联控用语应符合附表 5.18 的规定。

附　录

附表 5.18　未纳入运行揭示的临时限速的呼叫时机和联控用语

呼叫时机	联控用语		
	作业人	车站值班员	列车司机
限速地点站，列车接近前	呼叫人	××（次）××（站）×道通过［停车］，××号命令，××公里××米至××公里××米限速××公里	—
	被呼叫人	—	××（次）×道通过［停车］，××号命令，××公里××米至××公里××米限速××公里，××（次）司机明白

列车进入限速地点前的关系站在列车通过（开车）前，与司机核对限速内容时，按照本表用语联控，并在"××号命令"前增加"××（站）核对"用语。
限速地点关系站（简称关系站）：限速地点在区间内，关系站为区间的两端站；限速地点在车站站内或站内跨区间，关系站为限速地点车站和相邻车站。
限速地点在区间内，关系站与司机联控不上或核对不一致时，关系站应及时关闭出站信号；无论出站信号是否开放，司机均须在站内停车联系。
限速地点在车站站内或站内跨区间：（1）限速地点车站的相邻车站与司机联控不上或核对不一致时，应及时关闭出站信号；无论出站信号是否开放，司机均须在站内停车联系。（2）限速地点车站与司机联控不上时，限速地点车站应及时关闭进入限速地点前的防护信号机（限速地点在区间跨站内时，关闭进站信号）；无论信号是否开放，司机均须在进入限速地点前停车联系。
限速地段涉及两个及两个以上线名的，执行车机联控时在里程前增加线名。
发车作业比照执行

3.4　特定行车办法接发车

3.4.1　特定行车办法引导接车并正线通过：特定行车办法引导接车并正线通过的呼叫时机和联控用语应符合附表 5.19 的规定。

附表 5.19　特定行车办法引导接车并正线通过的呼叫时机和联控用语

呼叫时机	联控用语		
	作业人	车站值班员	列车司机
列车接近前	呼叫人	××（次）××（站）特定引导接车，调度命令××号，电话记录×号［绿色许可证×号］	—
	被呼叫人	—	××（次）××（站）特定引导接车，调度命令××号，电话记录×号［绿色许可证×号］，司机明白
	呼叫人	××（次）××（站）×道通过，注意特定引导手信号	—

· 177 ·

续表

呼叫时机	联控用语		
	作业人	车站值班员	列车司机
列车接近前	被呼叫人	—	××（次）××（站）×道通过，注意特定引导手信号，司机明白
"调度命令"是指列车调度员发布的行车调度命令。 行车凭证未使用路票（绿色许可证）时，不联控"电话记录×号［绿色许可证×号］"。 一端有两个及两个以上运行方向的车站（车场、线路所），应在联控用语后增加"去××方向"			

3.4.2 特定行车办法开放进站（接车进路）信号机接车并正线通过：特定行车办法开放进站（接车进路）信号机接车并正线通过的呼叫时机和联控用语应符合附表 5.20 的规定。

附表 5.20　特定行车办法开放进站（接车进路）信号机接车并正线通过的呼叫时机和联控用语

呼叫时机	联控用语		
	作业人	车站值班员	列车司机
列车接近前	呼叫人	××（次）××（站）特定行车办法行车，调度命令××号，电话记录×号［绿色许可证×号］	—
	被呼叫人	—	××（次）××（站）特定行车办法行车，调度命令××号，电话记录×号［绿色许可证×号］，司机明白
	呼叫人	××（次）××（站）×道通过	—
	被呼叫人	—	××（次）××（站）×道通过，司机明白
"调度命令"是指列车调度员发布的行车调度命令。 一端有两个及两个以上运行方向的车站（车场、线路所），应在联控用语后增加"去××方向"			

3.4.3 特定行车办法发车：特定行车办法发车的呼叫时机和联控用语应符合附表 5.21 的规定。

附表 5.21 特定行车办法发车的呼叫时机和联控用语

呼叫时机	联控用语		
	作业人	车站值班员	列车司机
发车进路准备妥当后	呼叫人	××（次）×道发车进路好（了），特定行车办法行车，调度命令××号，电话记录×号［绿色许可证×号］	—
	被呼叫人	—	××（次）×道发车进路好（了），特定行车办法行车，调度命令××号，电话记录×号［绿色许可证×号］，司机明白

"调度命令"是指列车调度员发布的行车调度命令。
一端有两个及两个以上运行方向的车站（车场、线路所），应在联控用语后增加"去××方向"

3.5 被迫停车

3.5.1 列车被迫停车，列车司机呼叫车站：列车被迫停车，列车司机呼叫车站的呼叫时机和联控用语应符合附表 5.22 的规定。

附表 5.22 列车被迫停车，列车司机呼叫车站的呼叫时机和联控用语

呼叫时机	联控用语		
	作业人	列车司机	车站值班员
列车在区间被迫停车	呼叫人	××（站）××（次）在××千米（处）被迫停车	—
	被呼叫人	—	××（次）在××千米（处）被迫停车，××（站）明白

在××公里后应说明被迫停车原因。
列车被迫停车后可能妨碍邻线时应在被迫停车后增加"可能侵入邻线"

3.5.2 列车被迫停车，车站立即呼叫追踪列车：列车被迫停车，车站立即呼叫追踪列车的呼叫时机和联控用语应符合附表 5.23 的规定。

附表 5.23　列车被迫停车，车站立即呼叫追踪列车的呼叫时机和联控用语

呼叫时机	联控用语		
	作业人	车站值班员	追踪列车司机
车站接到列车在区间被迫停车的通知	呼叫人	××（次）在××公里（处）被迫停车，××（次）注意运行	—
	被呼叫人	—	××（次）在××公里（处）被迫停车，注意运行，××（次）司机明白

3.5.3　列车可能妨碍邻线，车站立即呼叫邻线列车：列车可能妨碍邻线，车站立即呼叫邻线列车的呼叫时机和联控用语应符合附表 5.24 的规定。

附表 5.24　列车可能妨碍邻线，车站立即呼叫邻线列车的呼叫时机和联控用语

呼叫时机	联控用语		
	作业人	车站值班员	邻线列车司机
车站接到列车可能妨碍邻线的通知	呼叫人	××（次）立即停车，××（次）在××公里（处）侵限	—
	被呼叫人	—	××（次）立即停车，司机明白

3.6　道口联控

3.6.1　有人看守（监护）道口联控：有人看守（监护）道口联控的呼叫时机和联控用语应符合附表 5.25 的规定。

附表 5.25　有人看守（监护）道口联控的呼叫时机和联控用语

呼叫时机	联控用语		
	作业人	列车司机	道口工
列车接近道口前，在规定的呼叫点	呼叫人	××道口，××（次）列车接近	—
	被呼叫人	—	××（次），××道口正常[停车]
	复诵人	××道口正常[停车]，司机明白	—
有人看守（监护）联控道口由工务部公布，"××道口"按照工务部公布的"呼叫名称"呼叫			

3.6.2　道口发生险情：道口发生险情的呼叫时机和联控用语应符合附表 5.26 的规定。

附表 5.26　道口发生险情的呼叫时机和联控用语

呼叫时机	联控用语		
	作业人	道口工（其他人员）	列车司机
道口发生险情	呼叫人	××道口发生险情，××（次）立即停车	—
	被呼叫人	—	××（次）立即停车，司机明白
在多线区间，应在"××道口"前增加"××线"；在枢纽地区，应在"××道口"前增加"××（站）至××（站）间"。 如不知道车次时呼叫"××道口发生险情，上［下］行接近列车立即停车"，若道口上下行都发生险情，上［下］应为"上、下"。 "××道口"按以下要求呼叫：有人看守（监护）联控道口按照工务部公布的"呼叫名称"呼叫；其他道口按照LKJ基础数据道口表公布的"道口名称"呼叫			

3.7　线路发生险情：线路发生险情的呼叫时机和联控用语应符合附表 5.27 的规定。

附表 5.27　线路发生险情的呼叫时机和联控用语

呼叫时机	联控用语		
	作业人	巡守人员	列车司机
线路发生险情	呼叫人	××线××公里（处）线路发生险情，上［下］行接近列车立即停车	—
	被呼叫人	—	立即停车，××（次）司机明白
如知道车次时呼叫××（次）。 若上下行都发生险情，上［下］应为"上、下"			

3.8　列车通过晃车地段，司机呼叫车站：列车通过晃车地段，司机呼叫车站的呼叫时机和联控用语应符合附表 5.28 的规定。

附表 5.28　列车通过晃车地段，司机呼叫车站的呼叫时机和联控用语

呼叫时机	联控用语		
	作业人	列车司机	车站值班员
列车通过晃车地段	呼叫人	××（站），××（次）××公里××米晃车	—
	被呼叫人	—	××公里××米晃车，××（站）明白

3.9　汛期Ⅰ级防洪重点地点联控：汛期Ⅰ级防洪重点地点联控的呼叫时机和联控用语应符合附表 5.29 的规定。

附表 5.29　汛期Ⅰ级防洪重点地点联控的呼叫时机和联控用语

呼叫时机	联控用语		
	作业人	列车司机	看守工
列车头部越过呼叫标后	呼叫人	K××（看守点），××（次）列车接近	—
	被呼叫人	—	××（次）列车，K××（看守点）正常通过［停车］
	复诵人	××（次）正常通过［停车］，司机明白	—

汛期Ⅰ级防洪重点地点联控依据集团公司文件公布实施日期实施。
列车司机三次呼叫无应答，应采取减速或停车措施

3.10　列车在区间被迫停车需要救援

3.10.1　列车请求救援：列车请求救援的呼叫时机和联控用语应符合附表 5.30 的规定。

附表 5.30　列车请求救援的呼叫时机和联控用语

呼叫时机	联控用语		
	作业人	列车司机	车站值班员
列车请求救援时	呼叫人	××（站），××（次）停于××公里××米，请求救援	—
	被呼叫人	—	××（次）停于××公里××米，请求救援，××（站）明白

3.10.2　救援列车开行：救援列车开行的呼叫时机和联控用语应符合附表 5.31 的规定。

表 31　救援列车开行的呼叫时机和联控用语

呼叫时机	联控用语			
	作业人	车站值班员	被救援列车司机	救援列车司机
救援列车开行时及开行后	呼叫人	××（次），××（站）××时××分开行××（次）救援列车	—	—
	被呼叫人	—	××（站）××时××分开行××（次）救援列车，××（次）司机明白	—
	呼叫人	—	—	××（次）司机，救援列车自××（站）××时××分进入区间
	被呼叫人	—	××（次）列车头［尾］部停于××公里××米，注意运行	—
	复诵人	—	—	××（次）列车头［尾］部停于××公里××米，注意运行，司机明白

3.11 客车列尾装置相关作业

3.11.1 司机查询列车尾部风压不正常：司机查询列车尾部风压不正常的呼叫时机和联控用语应符合附表 5.32 的规定。

附表 5.32　司机查询列车尾部风压不正常的呼叫时机和联控用语

呼叫时机	联控用语		
	作业人	列车司机	车辆乘务员
旅客列车始发前或更换机车进行列尾连接作业时，司机查询列车尾部风压不正常	呼叫人	××（次）车辆乘务员，××号列尾连接完毕，确认机车号	—
	被呼叫人	—	××号列尾，机车号××
	复诵人	××（次）司机明白	

3.11.2 司机解除与客车列尾装置主机的通信连接：司机解除与客车列尾装置主机的通信连接的呼叫时机和联控用语应符合附表 5.33 的规定。

附表 5.33　司机解除与客车列尾装置主机的通信连接的呼叫时机和联控用语

呼叫时机	联控用语		
	作业人	列车司机	车辆乘务员
旅客列车终到站或中途换挂机车摘车时，司机在解除与客车列尾装置主机连接后	呼叫人	××（次）车辆乘务员，列尾已经解除，请确认	—
	被呼叫人	—	××（次）司机，列尾已经解除

3.11.3 客车列尾装置故障时，旅客列车在始发站出发前和停车站进站前，司机与车辆乘务员核对列车尾部风压：客车列尾装置故障时，旅客列车在始发站出发前和停车站进站前，司机与车辆乘务员核对列车尾部风压的呼叫时机和联控用语应符合附表 5.34 的规定。

附表 5.34　客车列尾装置故障时，旅客列车在始发站出发前和停车站进站前，司机与车辆乘务员核对列车尾部风压的呼叫时机和联控用语

呼叫时机	联控用语		
	作业人	列车司机	车辆乘务员
旅客列车在始发站出发前和停车站进站前	呼叫人	××（次）车辆乘务员，核对尾部风压	—
	被呼叫人	—	××（次）尾部风压××千帕
	复诵人	××（次）尾部风压××千帕，司机明白	—
客车列尾装置故障时，其他需要核对列车尾部风压的联控用语参照本条执行			

3.11.4 客车列尾装置故障时，旅客列车在停车站出站后，司机与车辆乘务员施行列车制动主管贯通试验：客车列尾装置故障时，旅客列车在停车站出站后，司机与车辆乘务员施行列车制动主管贯通试验的呼叫时机和联控用语应符合附表 5.35 的规定。

附表 5.35 客车列尾装置故障时，旅客列车在停车站出站后，司机与车辆乘务员施行列车制动主管贯通试验的呼叫时机和联控用语

呼叫时机	联控用语		
	作业人	列车司机	车辆乘务员
旅客列车在停车站出站后	呼叫人	××（次）车辆乘务员，贯通试验	—
	被呼叫人	—	××（次）车辆乘务员明白
司机减压制动后	呼叫人	—	××（次）尾部风压××千帕
	被呼叫人	××（次）尾部风压××千帕，司机明白	—
客车列尾装置故障时，其他需要施行列车制动主管贯通试验的联控用语参照本条执行			

3.12 调机联控

3.12.1 机车出入库、单机运行或牵引车辆运行作业：机车出入库、单机运行或牵引车辆运行作业的呼叫时机和联控用语应符合附表 5.36 的规定。

附表 5.36 机车出入库、单机运行或牵引车辆运行作业的呼叫时机和联控用语

呼叫时机	联控用语		
	作业人	司机	车站值班员
具备作业条件，准备进路前	呼叫人	××（站），××机车〔出库〕〔×道出〕〔去〕×道〔出〕〔入库〕	—
	复诵人	—	××机车〔出库〕〔×道出〕〔去〕×道〔出〕〔入库〕
准备进路后	呼叫人	—	××机车，〔×道出〕〔去〕×道〔出〕〔穿正〕调车信号[进路]好（了），〔越过××回头〕，〔××信号机禁止越过〕，〔×道有车〕
	复诵人	〔×道出〕〔去〕×道〔出〕〔穿正〕调车信号[进路]好（了），〔越过××回头〕，〔×道有车〕，××机车（司机）明白	—
"××（站）"根据情况可呼为"××楼""××扳道员"等；动车组、自轮运转特种设备作业比照执行，"机车"根据情况可呼为"动车组""调（车机）""作业车""轨道车"等；"×道"根据情况可呼为"×线"			
如进路末端无阻挡信号（尽头线除外）需折返运行时，须提醒司机："越过××回头"。			
分段办理调车（入库）进路时，该调车信号好，仅指已办理的分段调车进路准备妥当，司机须认真确认调车（入库）经路上的地面信号。			
固定调车机作业时可使用无线调车灯显电台联系。			
机车出入库、单机运行经由股道内有停留机车、车辆时，须提醒司机："×道有车"。			
〔 〕里的内容根据情况选择使用			

3.12.2 推送调车作业穿越正线：推送调车作业穿越正线的呼叫时机和联控用语应符合附表 5.37 的规定。

附表 5.37　推送调车作业穿越正线的呼叫时机和联控用语

呼叫时机	联控用语		
	作业人	车站值班员	司机
进路准备妥当，与调车人员执行要道还道后	呼叫人	××机车，〔×道出〕〔去〕×道〔出〕穿正调车信号［进路］好（了）	—
	被呼叫人	—	〔×道出〕〔去〕×道〔出〕穿正调车信号［进路］好（了），××机车（司机）明白

"机车"根据情况可呼为"调（车机）"；"×道"根据情况可呼为"×线"。
固定调车机作业时可使用无线调车灯显电台联系。
〔　〕里的内容根据情况选择使用

3.12.3 经过分路不良区段，确认机车、车列位置：经过分路不良区段，确认机车、车列位置的呼叫时机和联控用语应符合附表 5.38 的规定。

附表 5.38　经过分路不良区段，确认机车、车列位置的呼叫时机和联控用语

呼叫时机	联控用语		
	作业人	车站值班员	司机
准备进路前	呼叫人	××机车是否越过××信号机	—
	被呼叫人	—	××机车越过［没有越过］××信号机
	复诵人	××机车越过［没有越过］××信号机，明白	—

在车站提前通知司机分路不良区段时，当机车越过××信号机后，司机应主动报告车站值班员，司机："××机车越过××信号机"，车站值班员："××机车越过××信号机，明白"。
动车组、自轮运转特种设备作业比照执行，"机车"根据情况可呼为"动车组""调（车机）""作业车""轨道车"等。
固定调车机作业时可使用无线调车灯显电台联系

参 考 文 献

[1] 中国铁路总公司.铁路技术管理规程（普速铁路部分）[S].北京：中国铁道出版社，2014.

[2] 西安铁路局.HXD3型大功率交流电力机车应急故障处理[M].北京：中国铁道出版社，2010.

[3] 《和谐型交流传动机车技术丛书》编委会.HXD3C型电力机车[M].北京：中国铁道出版社，2020.

[4] 武新杰，段金辉.行车安全装置操作与维护[M].北京：中国铁道出版社，2016.

[5] 杨志刚.LKJ2000型列车运行监控记录装置[M].北京：中国铁道出版社，2003.

[6] 中华人民共和国铁道部.铁路机车操作规则[S].北京：中国铁道出版社，2012.

[7] 中国铁路总公司.铁路机车运用管理规则[S].北京：中国铁道出版社，2016.

[8] 中华人民共和国铁道部.铁路交通事故调查处理规则[S].北京：中国铁道出版社，2007.

[9] 中华人民共和国国家铁路局.TB/T 30003—2020 铁路车机联控作业[S].北京：中国铁道出版社，2020.